미래와 답

인생의 출발선에 선 모든 청춘들을 응원하며
스승이 필요한 젊은이들에게

미래와 답

권기헌 지음

성균관대학교
출판부

차례

프롤로그

우리는 모두 가끔씩 "아, 내 인생 어떻게 되는 거지?", "나 지금 잘 살고 있는 건가?" 같은 질문과 마주치게 된다. 친구와 술잔을 앞에 놓은 시끌벅적한 술집, 혹은 수업이나 아르바이트에 지쳐 집으로 무거운 발걸음을 옮기는 지하철 안처럼 쓸쓸한 일상 속에서 그럴 것이다. 특히 20대 젊은이라면 이런 순간은 더 자주 찾아온다. 삶에 대한 공통적인 이런 질문은 누구에게나 당연하지만, 절대 고민만 하고 살 수는 없다. 과연 20대에 해야 할 일은 무엇일까?

오랫동안 대학 강단에서 학생들을 가르쳐 온 나도 비슷한 고민을 했었고, 아직도 답을 찾아가는 중이다. 요즘은 누구나 더 살기 힘든 세상이다. 모든 게 무섭도록 빠르게 변하면서, 모두에게 책임감 있는 삶을 요구하고 있다. 인생길은 절대 편하기만 할 수 없으며, 어려움과 시련 역시 뒤따른다. 우리는 계속해서 이런 질문 앞에 정면으로 설 수밖에 없다. 그 답을 찾아가는 여정이야 말로 사실 삶의 모든 것이라 할 수 있다.

청운의 꿈을 품고 힘차게 인생을 출발하고자 하는 이 순간, 인생의 목표를 다시 정립하고 새로운 활력을 불태워 보고자 하는 이 순간이 바로 내가 만나온 학생들, 모든 젊은이들의 시간이다. 이렇게 소중하고 중요한 시기를 과연 어떻게 보내야 하는 것일까?

이 책을 통해 내가 생각한 답의 일부를 함께 나누고자 한다. 물론 그 정답은 각자 다를 것이고, 또한 결국 각자 답을 찾아야만 한다. 그렇지만 이 책에서 나눌 나의 조언이 고민하고 힘들어하는 청춘들에게 조금이나마 위안과 도움이 될 수 있기를 진심으로 바란다.

이 책에서 가장 강조하는 방법은 바로 자신의 소명을 찾고 자신이 몰입할 수 있는 분야를 찾아 매진하라는 것이다. 즉 가슴 떨리는 목표를 찾는 것이다. 가슴 떨리는 목표를 찾고, 그 목표를 마음에 각인할 수 있을 때 비로소 우리 삶은 실현된다. 그 목표를 어떻게 찾을 수 있을지, 또한 무슨 목표로 어떤 길을 걸어가야 할지 이 책을 통해 하나씩 풀어 나갈 것이다.

　　인생은 분명 목적이 있는 과정이다. 아무런 목적도 없이 태어난 사람은 한 명도 없다. 누구나 인생의 목적, 즉 소명(召命)이 있다. 우리는 누구나 자유와 기쁨 속에서 건강과 풍요를 누리고 싶어 한다. 그런데 어떤 이들은 행복한 삶을 사는 반면, 어떤 이들은 그렇게 살지 못한다. 그 이유는 무엇일까? 이 책은 이 단순한 질문에서 출발했다.

　　인생을 이제 막 설계하는 단계인 대학생들의 태도와 가치관은 인생 전체에서 가장 중요하다. "가슴 설레는 꿈이 있는가? 그 꿈은 명료하고 일관된 것인가? 내게 얼마나 가치 있고 의미 있는가?" 이런 질문은 낯설기도 하고, 답을 찾기 어렵다고 느끼기 때문에 부담스러워서 피하고 싶을 수 있다. 그러나 삶은 이런 질문에 대한 답을 찾는 여정이라고 할 수 있다.

> 위대한 일은 없다. 단지 작은 일들만 있을 뿐이다.
> 그걸 위대한 마음으로 하면 된다.
> ＿＿ 마더 테레사

마더 테레사의 이 말을 읽어 보자. "위대한 일은 없다고? 단지 작은 일들만 있을 뿐이라고? 그걸 위대한 마음, 위대한 사랑으로 하면 된다고?" 우리는 때로 역사상 훌륭한 위인들, 혹은 사회적·경제적 지위가 높거나 유명한 사람들을 부러워하며 그 모습을 따르고자 한다. 하지만 자칫 잘못하면, 화려하고 대단한 그 결과만 흠모하는 실수를 하기 쉽다. 위대한 업적을 남긴 사람들조차 절대 처음부터 위대했던 것은 아니다. 아마 목표가 유명해지고 대단한 성과를 내겠다고 시작한 사람도 없을 것이다. 만약 그랬다면 모두가 존경할 만한 성과를 내지는 못했을 것이다. 아마 그 사람들은 스스로 옳다고 믿은 일들을 하나씩, 한걸음씩, 그저 묵묵히 해 나갔을 것이다.

우리도 이렇게 위안을 삼아 보면 어떨까. 절대 초조해하지 말자. 우리 모두 '위대한 마음'으로 해내고 싶은 꼭 맞는 일이 있을 것이다. 내가 몰입할 수 있는 일, 잘할 수 있는 일을 찾아 하나하나 쌓아 나가는 것이 인생이다. 그렇다면, 내게 기쁨을 줄 수 있는 일, 몰입할 수 있는 일, 내가 제일 잘할 수 있는 일이란 무엇일까? 과연 그 답은 어떻게 찾을 수 있을까?

영화 〈버킷 리스트: 죽기 전에 꼭 하고 싶은 것들〉에서 배우 모건 프리먼은 백만장자이면서도 인생을 까칠하게 살아왔던 동료 잭 니콜슨에게 다음과 같이 말한다.

천국의 문에 이르면 두 개의 질문이 주어진다네.

그대는 삶의 기쁨을 찾았는가?

그걸 다른 사람과 나누었는가?

과연 자네는 어떤가? 이렇게 물어볼 수도 있겠다.

1. 그대는 삶에서 무엇을 배웠는가?

2. 그대는 얼마나 사랑했는가?

3. 그대의 역할은 무엇이었는가?

어쩌면 영화의 한 장면, 책 한 구절에서, 우연히 들은 강의에서 그 답을 찾을 수 있을지도 모른다. 절대 혼자서 찾는 것이 아니다. 필요하다면 멘토를 찾아가 열심히 듣고 배우고 상담을 할 수도 있고 저마다 여러 방법이 있을 것이다.

1장

세상과 나

인간은 어마어마한 가치를 지닌 보석과도 같은 귀한 존재이다. 우리는 모두 거대한 원석처럼 값으로 측정할 수 없는 가치를 지니고 있다. 대학의 첫걸음을 내딛는 순간, 가장 먼저 내가 보석과 같은 소중한 존재라는 점을 깨달았으면 좋겠다. 앞으로 4년 동안 어떻게 설계하고 다듬어서 최종 모습으로 만들지 고민해야 한다.

✏️ 코로나19가 바꾼 세상

코로나19 바이러스는 세상을 엄청나게 바꾸고 있다. 교육 현장에서 비대면 수업이 일상화되었고, 비즈니스도 언택트untact 와 온택트ontact 방식으로 변해가고 있다. 전문가들은 후에 포스트 코로나 시대가 오더라도, 마치 아무 일도 없었던 것처럼 다시 온전히 과거의 모습으로 돌아갈 수는 없다고 말한다. 일상에서 겪는 불편함과 스트레스는 늘었고, 경제 상황은 더 어려워지고 있다. 앞으로 코로나19처럼 또 새로운 바이러스가 더 짧은 주기 (3~5년)로 인류를 덮칠 수 있다는 새로운 경고마저 나오는 가운데, 이제는 무엇보다 포스트 코로나 시대를 위한 준비와 대응이 필요하다는 전망이 나오고 있다.

혼돈과 변화의 시기, 이제 세상은 포스트 코로나 시대에 적응하는 사람과 적응하지 못하는 사람으로 구분될 것이다. 그렇다면 포스트 코로나 시대에 적응하는 사람은 어떤 사람일까? 정보에 밝아 포스트 코로나에 맞는 교육이나 사업을 하는 것도 중요하겠지만, 보다 본질적으로는 자신과 세상을 사랑하고 깨어 있는 삶을 살아가는 사람들이 변화한 시대를 이끌 수 있을 것이다.

포스트 코로나 시대에 잘 적응하는 사람들은 '의식이 높은 사람들'이다. 그렇다면 의식이 높다는 것은 무엇을 말하는 것일까? 그 의식을 높이려면 어떻게 하면 될까?

젊은이들은 정보와 경험도 상대적으로 부족하고, 진로 선택에 고민이 많은 시기를 보내고 있다. 더욱이 코로나19까지 겹쳐 학교도 잘 나가지 못하고 사회 활동이 줄어들면서 외롭거나 방황하기 쉽다. 자기 주도형 학습이 익숙하거나 자신만의 의지가 확고한 경우를 제외하고는 대부분 여러 가지로 학습 능력이 처질 수밖에 없다. 그렇다면 이 시절에 어떻게 꿈과 목표를 설정해야 할까? 또한 어떤 노력을 통해 앞으로 바뀔 세상의 주역이 될 수 있을까?

대학은 큰 꿈을 꾸고 자신의 소명을 발견하는 곳이다. 말하자면 인생을 논하는 자리라고 할 수 있다. 꿈을 꾸고 그 소망을 이루기 위해 자신만의 목표를 찾는 시기이자 그 목표를 이루기 위해 시간과 노력을 투자하는 시기이다. 내 가슴이 뛰고 설레는 목표를 찾아 그 뜻을 이루기 위해 공부하는 곳이 대학이다.

역사적으로 혼돈과 변화의 시기는 늘 있었다. 돌이켜 보면 역사에는 전쟁이 흔했고, 폭정과 야만의 시기도 많았다. 혼돈과 변화의 굴곡 속에서 어떤 사람들은 살아남았고, 또 어떤 사람들은 죽어 갔다. 살아남은 자 가운데는 성공한 사람도 있었고, 큰 부를 이룬 사람들도 있었다. 그 차이는 무엇이었을까?

중요한 것은 정신이다. 정신이 깨어 있어야 하고, 의식이 깨어 있어야 한다. 가야할 길이 분명해야 하고, 그 길은 가슴을 뛰게 해야 한다. 또한 자기 주도형 학습이 그 어느 때보다도 중요하다. 방에 들어가 컴퓨터를 켜고 뭘 하는지 부모가 통제하기 어려운 환경이다. 이런 환경 속에서 내면이 깨어 있고 집중이 잘되는 학생과 그렇지 못한 학생의 격차는 점점 더 벌어질 수밖에 없다.

목표에 대해 뚜렷한 꿈과 설렘이 있어야 한다.

인생은 완성된 질서를 향해 한 조각 한 조각 퍼즐을 맞추어 나가는 과정이다. 그 누구의 것도 아닌 오직 자기만의 스토리를 만들어 나가야 한다. 인생 전체를 긴 호흡으로 바라보며, 자신만의 설계가 필요하다. 다음의 질문을 스스로 던져 보자.

1. 내게 가슴 뛰는 목표는 무엇인가?

2. 어떤 일을 할 때 나는 가장 행복한가?

3. 나의 멘토는 누구인가?

✏️ '나'라는 보석

인간은 어마어마한 가치를 지닌 보석과도 같은 귀한 존재이다. 우리는 모두 거대한 원석처럼 값으로 측정할 수 없는 가치를 지니고 있다. 대학의 첫걸음을 내딛는 순간, 가장 먼저 내가 보석과 같은 소중한 존재라는 점을 깨달았으면 좋겠다. 앞으로 4년 동안 어떻게 설계하고 다듬어서 최종 모습으로 만들지 고민해야 한다.

어떤 학생은 스스로가 보석이라는 사실을 깨닫지 못하기도 한다. "내가 보석이라고? 말도 안 돼. 내가 무슨 보석이야. 내 처지가 이 모양인데." 비록 현재 내 처지가 보잘것없어 보인다 할지라도 자신의 본질적 가치는 결코 줄어들지 않는다. 나는 그 어떤 것과도 바꿀 수 없는 '나'다. '나만의 나'는 우주에 하나밖에 없는 자존을 지닌 존재이다.

대학 4년이라는 기간은 통째로 부여된 백지 수표와 같다. 훼손될 수 없는 가치이며, 그 자체로 가슴 떨리는 가치라는 뜻이다. 만약 누군가가 여러분에게 마음대로 쓸 수 있는 백지 수표 한 장을 주었다면, 거기에 얼마를 적을 것인가? 아마도 쉽게 적거나 하찮은 액수를 적지는 않을 것이다. 이처럼 가슴 떨리는 백지 수표가 모두 앞에 주어져 있다. 텅빈 화폭 위에 어떤 그림을 그릴지, 어떤 작품을 만들지는 각자의 선택에 달려 있다.

가장 먼저 나에 대해 잘 알아야 한다. 우선 필요한 질문은 "내가 잘하는 것은 무엇일까?"이다. 나는 어떤 일을 할 때 몰입할 수 있는가? 나는 어떨 때 가장 기쁘고 가장 행복한가? 사람들과 여럿이 있는 게 더 좋은가, 혼자 있으면서 하는 창작 활동 같은 게 더 좋은가? 공직이 더 좋은가, 기업에 들어가는 게 더 좋은가? 안정된 직장이 더 좋은가, 아니면 불확실하더라도 다양하게 도전하는 길을 택할 것인가?

가슴을 뛰게 하는 일에 우선순위를 두되, 자신의 꿈과 목표를 구체화해 보자.

자신의 멘토나 지도 교수를 만나 상담하고 정보를 하나씩 더 구체화해 보자. 가령 행정 고시를 준비하겠다면 고시반 조교를 만나 보고 합격 수기를 읽어 보라. 가슴이 뛰는가? 내가 가고 싶은 길인가? 도서관에 가서 성공한 기업가들의 자서전도 읽어 보라. 그들은 어떤 도전을 했고, 그들이 대학이나 청년기에 준비한 일들은 무엇이었는가?

추상적인 꿈과 목표는 큰 소용이 없다. 원대한 꿈, 그리고 간절한 비전을 가슴에 품고 있다면, 이제는 이러한 꿈과 비전이 실현할 수 있는 구체화된 목표를 한번 찾아보자. 그러면 꿈과 비전은 현실로 나타나게 될 것이다.

자신의 원대한 꿈과 되고 싶은 목표를 가슴깊이 바라고 소망해 보자. 늘 마음속으로 외치고 다짐해야 한다. "된다. 된다. 나는 된다!" "한다. 해야 한다. 할 수 있다!"는 구호와 함께 늘 외우고 다짐하자. 수첩과 휴대전화와 같이 늘 소장하는 물건에 새겨 두고 바라보고, 책상 등 눈에 잘 보이는 곳에 써 놓고 시각화하는 연습부터 하자. 간절히 바라고 소망해야 한다.

원대한 꿈이 가슴에 설레도록 다가오려면 구체적으로 상상하는 연습을 해 보자. 먼저 정보를 구해서 그것을 시각화해 보고, 그 꿈이 왜 매력적인지, 되고 나면 왜 좋은지, 왜 그것을 얻고 싶은지에 대해 비주얼visual하게 시각화해 보자. 거기에는 자신만의 간절한 소망이, 가슴속 울림이, 간절한 느낌이 담겨야 한다.

나는 대학 재학 시절 행정 고시에 합격하고 나면 '엄청 멋있을 것 같은' 생각으로 가득 차 있었다. 그래서 "꼭 합격하고" 싶었다. TV 사극에서 머리에 어사화를 꽂은 장원 급제자의 모습은 멋있었고, 그들의 유가 행렬이 멋있었다. 그리하여 국가 고시에 합격하여 중앙 부처의 사무관으로 정책을 기획하고 입안한다는 사실이 매우 리얼하게, 그리고 품격 있게 다가왔다. 고시 공부 중에 좌절이 오거나 유혹에 흔들릴 때는 세종로 종합 청사를 직접 찾아가 보았다. 그곳을 보면서 미래의 성공한 나의 모습을 그려 보았다. 비주얼하게 그리고 디테일하게 상상해 보는 것, 그것은 매우 강력한 동기로 다가왔다.

목표는 명료할수록 좋다. 어떤 분야든지 성공한 사람들에게는 공통점이 있었는데, 바로 명료한 목표가 있었다는 점이다. 그리고 목표를 향한 일관된 열정과 노력이 있었다. 비전은 자신이 진정으로 원하는 미래를 창조해 내는 능력이다. 가슴속에 뛰는 꿈과 비전을 가진 사람, 꿈을 소중히 여기는 사람, 비전을 가슴속에 품고 열정적으로 노력하는 사람은 언젠가는 자신이 세운 목표를 성취할 수 있다.

꿈이 있는 사람과 없는 사람의 차이는 시간이 갈수록 분명해진다. 비전을 가진 사람은 지금은 어렵고 힘든 상황에 놓여 있어도 위대한 목표를 향해 힘차게 자신의 길을 걸어갈 수 있다. 자신이 앞으로 '되어야 할 모습'을 구체적으로, 그리고 명확하게 그리고 있기 때문이다. 미래의 꿈과 비전을 가지려면 내가 잘하는 것에 집중해야 한다. 내가 잘하는 분야는 어떻게 찾을 수 있을까? 그것을 찾는 데 도움이 될 질문들은 다음과 같다.

1. 그 분야의 목표는 내 가슴을 설레게 하는가?

2. 그 분야에서 성공한 모습을 그리는 것만으로도 가슴이 뛰는가?

3. 그 분야에서 일하는 모습에서 자긍심을 느끼는가?

4. 그 일은 나를 지치지 않게 만드는가?

5. 그 일은 끊임없는 동기 부여의 원천이 되는가?

6. 그 일은 한 번밖에 없는 내 인생에서 정말 후회하지 않을 만한 것

   인가?

성공한 사람들은 자신의 성공 비결이 '분명한 비전과 목표'라고 말한다. 분명한 비전과 목표가 있으면 자신의 에너지와 역량을 한곳에 집중시킬 수 있다.

가슴이 터질 것 같은 꿈과 열망을 가져라. 목표는 가슴을 설레게 하는 것이어야 하며, 그것이 살아 있는 목표이다. 진정 가슴이 터질 것 같은 열망으로 가득 찬 꿈과 목표를 세우자. 목표를 향해 도전하는 의욕이 넘치며, 그런 방향으로 주도적인 삶을 사는 사람을 '내적 지향형 인간'이라고 한다. 분명한 비전과 목표가 있는 사람은 자신의 인생의 주인이 되며, 미래를 주도하는 사람이 되는 것이다.

---

* 유성은. (2007). 『시간관리와 자아실현』(중앙경제평론사). 84-90쪽에서 인용.

목표는 명료해야 하며, 노력은 일관되어야 한다. 목표가 명료하지 않거나 노력이 일관되지 않다면 뇌는 혼란에 빠질 것이다. 몇 번 거듭되면 뇌는 더 이상 자신이 목표를 진실되게 생각하지 않는 것으로 간주하게 될 것이다.

목표는 자신에게 가슴 설레는 것이어야 한다. 가슴 터질 것 같은 열망으로 간절한 정성이 생길 수 있는 목표를 세우자. 언제라도 친구가 다가와 옆구리를 쿡 찌르며 묻더라도 "나의 간절한 꿈은 이거야."라고 바로 대답할 수 있는 가슴 뛰는 목표를 설정하자.

가슴 뛰는 꿈과 목표를 가진 자는 현재의 모습에 안주하지 않는다. 미래에 집중하도록 하는 것이 비전의 본질이다. 비전은 계속해서 안주하거나 과거를 되풀이하려 애쓰는 것이 아니라 미래에 대한 생각에 집중하게 만든다. 비전은 '바람직한 미래상'이다. 비전은 자신이 진정으로 원하는 미래를 상상력을 통해 창조해 내는 능력이다. 가슴속에 뛰는 꿈과 비전을 가진 사람, 비전을 소중히 여기는 사람, 높은 이상을 가슴속에 품은 사람은 언젠가는 자신이 세운 목표를 성취할 수 있다.

내게도 가슴 뛰는 꿈과 목표가 있었다. 대학교 재학 시절 나의 꿈은 '재학 중 고시 합격'이었다. 그 꿈은 내게 가슴 터질 것 같은 열망으로 다가와 너무나도 되고 싶은 마음에 책상 위에도 붙여 놓고, 수첩에도 적어 놓고, 매일 주문처럼 외우고 다녔다. 고시에만 합격하면 날아갈 듯한 상상을 하면서 내 마음은 희망으로 벅차 있었다. 고급 공무원으로 입신하여, 나와 조국 발전을 함께 도모한다는 그럴듯한 명분을 가져보기도 했다. 공직에 입문하여 공익에 봉사하며, 그 과정에서 자아 실현의 길을 걷는 것은 매우 좋아 보였다. 공동체의 문제를 고민하는 공직은 매우 가치있는 일일 뿐만 아니라, 국가와 사회 발전을 주도하는 지식 관료가 되는 일은 가슴 벅찬 일이었다.

그럼, 어떻게 하면 가슴 뛰는 꿈과 비전을 찾을 수 있을까? 다음과 같은 질문들을 고려해 보자.

1. 새로운 미래를 개척하고자 하는 열망이 있는가?

2. 세상에 대한 폭넓은 안목을 준비하고 있는가?

3. 과감한 도전 의식이 있는가?

4. 불굴의 용기

5. 긍정적 마음

6. 미래에 대한 밝은 희망

7. 굳센 믿음과 의지

2장

목표

중요한 점은 내가 어떻게 느끼는가이다. 무엇이 되는가보다 내게 어떤 것이
와닿은가 하는 것이다. 내 가슴에 어떤 느낌으로 꼽히는가? 그 느낌에 충실
하라. 어떤 꿈이 내 가슴 더 깊이 다가오는가? 내 가슴을 떨리게 하는가? 지
금 내 가슴을 설레게 만드는 꿈은 무엇인가?

✏️ 즐거운 공부, 공부하는 힘

　가슴 뛰는 꿈과 비전을 가지려면 의식 수준이 높아져야 한다. 의식 수준이 높아지려면 공부를 해야 한다. 그리고 그 공부는 즐거워야 한다.

　즐겁게 하는 공부가 '열공'이다. 열공하는 사람은 마음의 여유가 생긴다. 열공하면서 생긴 마음의 힘은 내공이 되어 중요한 순간에 힘을 발한다. 마음의 비축된 힘이 문제 해결 능력으로 작용하는 것이다. 또한 긴박한 순간에도 흔들리지 않는 평정심을 갖게 해 준다. 이처럼 공부를 통해 마음은 가지런해진다. 운동도 안 하던 사람이 갑자기 한다고 되는 게 아니듯이, 독서도 평소 공부하는 근육을 키워야 한다.

　우리는 공부를 통해 배움이 확장되고, 배움을 통해 자신만의 철학이 탄탄해진다. 또한 그러한 철학은 사고의 깊이와 함께 유연하게 확장되어 뻗어 나간다. 일본의 유명 작가 도몬 후유지는 저서『공부하는 힘 살아가는 힘』에서 이렇게 말한다.

배움만큼 인생에 깊이를 더하는 것도, 사람을 성장시키고 젊음을 유지해주는 것도 없다. 배움을 잊었을 때 사람은 진정한 의미에서 늙기 시작한다. 그러므로 인생 후반기에 들어섰더라도 '늙어서 배우면 죽어서도 썩지 않음'을 기억하자. 시들지 않는 지적 욕구를 줄곧 품고 이 세상에 작별을 고할 때까지 공부하는 자세. 그런 자세가 하찮은 인생을 희망으로 채우고 우리 내부에 풋풋한 과실을 길러낸다.

___ 도몬 후유지, 『공부하는 힘 살아가는 힘』

공부를 통해 비로소 삶의 호흡이 깊어지며, 문제 해결 능력은 확장된다. '호흡이 깊은 공부'를 통해 우리 내면의 지식 생태계는 심화된다. 뇌 속의 뉴런들은 촘촘히 정밀하게 연결되며, 사물의 이치가 뚫려 밝은 해나 둥근 달처럼 환하게 떠오른다. 사이토 다카시 역시 이처럼 '삶의 호흡이 깊어지는 공부'를 강조하고 있다.

공부는 우리의 지식 체계를 풍성하게 하고 생각하는 법을 길러 주며, 어떤 어려움 속에서도 방황하지 않고 인생을 스스로 헤쳐 나갈 수 있도록 도와준다. '삶의 호흡이 깊어지는 공부'를 하라. 나는 뭔가를 즐기며 배우는 것이 바로 그런 '깊은 호흡'이라고 생각한다. 몸이 신선

한 산소를 받아들이며 새로운 활력을 심장에 불어넣듯이, '호흡이 깊은 공부'는 새로운 지식으로 마음의 세포를 재생시켜 지친 마음을 치유하고 더 나은 사람이 될 수 있다는 자신감을 불어넣어 준다.

— 사이토 다카시, 『내가 공부하는 이유』

전공 스펙이나 자격증에만 치중하는 좁은 공부만으로는 효과가 발생하지 않는다. 좀더 '폭넓은 책 읽기'를 통한 '호흡이 깊은 공부'를 실행해 보라. 강한 자심감이 내적으로 형성되며, 세상과 사물을 보는 눈이 달라질 것이다.

✏️ 꿈꾸는 젊은이는 그 자체로 아름답다!

미래를 향한 꿈과 비전을 지닌 젊은이는 그 자체로 아름답다. 꿈과 비전을 가진 젊은이는 당당하다. 자신의 목표가 명료하기에 내면은 활기로 가득 차 있다. 간절한 목표가 있고 이를 이루고자 하는 열정이 있을 때, 우리는 목표를 지향한다. 자신의 목숨을 다 바쳐서라도 도달하고 싶은 열정이 있을 때 성취할 수 있다. 어떤 분야이건 성취에 도달한 사람들은 모두 남다른 열정을 가지고 있었다.

공직자, 국제 변호사, 금융 컨설턴트, 펀드 매니저, 국제기구 공무원, 인공 지능 및 우주 정책 전문가, 도시 계획 전문가, 디자이너 등 누구나 존경받는 직업의 주인공이 될 수 있다. 자, 그렇다면, 우리도 한번 생각해 보자. 내 생애 모든 것을 다 바쳐도 좋을 꿈과 목표는 무엇인가?

가슴이 뛴다는 것은 무슨 말일까? 어떤 목표가 가슴에 와닿고 진정 설렌다면 이미 절반 성공이다. 가슴이 설레고 뛰는데 그 방향으로 노력하지 않을 수 있을까? 가슴이 설레고 뛴다면 그 방향으로 열정을 쏟을 것이다. 그렇다면 관건은 가슴이 설레는 목표를 찾고, 그것을 내 가슴 깊숙한 곳에 새길 수 있느냐 하는 것이다.

우리나라 큰스님 중에 해인사 혜암 스님이라고 계신다. 스님은 평소 이렇게 말씀하셨다. "공부하다가 죽어라!" 밑도 끝도 없이 엉뚱하게 들릴 수도 있겠다. 하지만 불교이론에서는 윤회라는 것이 있다. 우리의 삶은 이생이 전부가 아닐 수 있다는 것이다. 너무 자질구레 고민하지 말고 통 크게 이번 생을 한번 공부에 투자해 보라는 것이다. 이것저것 너무 재지 말고, 크게 내려놓고 통 크게 도전해 보라는 것이다. 절박하면 통하게 되어 있다.

어린 시절, 20세의 나이에 내 가슴을 뛰게 만들었던 체험 하나를 소개할까 한다.

나는 대학 시험에 떨어져서 2차 대학(당시 대학 입시 제도는 전기대, 후기대로 나누어졌다)에 다녔다. 2차 대학에 다니다 보니 기도 죽고 좌절감이 심했다. 입학 동기들 중 일부는 더 좋은 대학에 가기 위해 재수나 반수를 하러 학교를 떠났다. 그러한 일들은 절망감을 더욱 부추겼다. 하지만 나는 새로운 목표를 세웠다. "재학 중 행정 고시 합격." 내 무의식 중에는 이미 행정 고시 합격에 대한 꿈이 있었다. 입학하던 날 나는 도서관에 들어가 보았다. 반쯤 썰렁한 열람실의 한쪽 구석에 앉아 책상과 의자를 어루만져 보왔다. 절박한 심정으로 책상에게 말했다. "나랑 친구해 줄래? 나도 외롭다. 대학 4년간 비가 오나 눈이 오나 내가 여기 올 테니 나와 친구해 줄래? 진짜 열심히 해 볼게." 그리고 나는 결심했다. 꼭 재학 중 행정 고시를 합격하겠노라고.

이처럼 절박한 심정은 탈출구를 찾는 데 도움이 되었다. 그리고 그 심정은 절박하고 가슴 뛰는 꿈으로 연결되었다. 하지만 중간중간 좌절이 왔다. 회의감도 들었다. 고뇌와 번민도 깊었다. 과연 내가 할 수 있을까? 끝까지 갈 수 있을까? 그것은 목표를 향한 끝없는 갈등과 투쟁이었다.

어느 춘삼월, 좋은 봄 날씨에, 토요일 같은 때, 도서관은 텅 비고, 사람들은 삼삼오오 야외로 흩어지고, 소풍을 떠나고, 축제가 벌어지고, 커플들은 잔디밭에서 맛있는 음식으로 데이트를 즐길 때, 나는 더욱 쓸쓸하고 허전함을 느꼈다.

그럴 때면 나는 시내버스를 탔다. 광화문을 한 바퀴 돌아 종합 청사라도 구경하면서 저곳은 내가 합격해서 꿈을 실현시킬 장소라고 희망을 가져 보았다. 내가 근무하고 싶은 곳을 상기하면서 그 달콤한 꿈에 빠져 보았다. 여의도에 내려 국회의사당을 구경하면서 자전거를 타기도 했다. 국정을 논하고 정책을 만들어 기여하는 것, 그건 달콤한 꿈이었다.

그건 허망한 꿈이었을까? 욕심이었을까? 어쩌면 허상을 봤을 수도 있겠다. 하지만 허상이라 하더라도 그땐 효과가 있었다. 지루한 일상에 활력을 주고, 다시 돌아와 내 목표에 매진할 수 있게 해 주었다. 이렇게 끝없는 투쟁이 이어졌다. 진지하고 쉼 없는 노력의 결과는 나를 속이지 않았다. 그리고 달콤했다. 그 결과는 이렇게 나타났다. 4학년 재학 중 행정 고시 합격, 행정 고시 연수원 수석, 국무총리상 수상, 상공부 미주통상과 사무관 배치, 중앙 경제 부처 엘리트 사무관 생활, 그리고 꿈에 그리던 하버드 존 F. 케네디 대학원 준비와 합격. 하지만 정말 하고 싶은 이야기는 지금부터다.

✏️ 나의 소명은 무엇인가?

스스로에게 질문해 보자. 나는 무엇에 가치를 두는가? 그것은 내게 어떤 의미를 지니는가?

목표는 끝나면 다시 조정되어야 한다. 가슴 뛰지 않는 목표는 이미 죽은 목표이기 때문이다. 여러분들도 그런 경험이 있는가? 이미 죽어버린 시들한 목표와 흥미를 잃어버린 일상. 행정고시 합격 후 공무원 생활을 하면서 나는 다시 진지하게 물었다. "너에게 가슴 뛰는 목표가 있는가?" 치열한 고민이 시작되었다.

나는 제대로 가고 있는가? 한 번밖에 없는 인생에서 나는 후회 없는 삶을 살고 있는가? 내 삶이 종점에 이르렀을 때, 그 때 나는 자신 있게 이야기할 수 있을까? 나는 행복했노라고. 다시 태어나도 이 길을 걷겠노라고. 나는 진지하게 물었다. 대답은 밝지 않았다. 그 물음에 자신이 없어지면서 내 고민은 더욱 깊어만 갔다.

탈출구는 하나였다. "그래, 학문의 길을 타진해 보자. 대학원에 가고 미국 유학의 길도 알아봐서 기회를 넓혀 보자. 특히 하버드에 도전해 보자. 하버드 대학에 합격한다면 얼마나 좋을까?"

나는 다시 가슴이 뛰었다. 하버드 대학원 입학, 박사 학위 취득, 진정한 학자를 향한 꿈과 도전은 다시 내 가슴을 뛰게 만들었다.

TOEFL과 GRE를 준비하고 하나하나 가능성을 타진해 나갔다(이 장 끝에 준비하는 실전 TIP과 노하우는 정리해 두었다). 결코 쉽지 않은 준비 과정이었지만 중요한 것은 가슴에 꿈이 살아 있는가 하는 것이었다. 꿈과 목표가 가슴을 뛰게 하고 어떤 난관도 헤쳐 나가게 해 줄 힘과 추동력이 된다면 고난은 문제가 되지 않았다. 중앙 부처 사무관에 걸맞지 않게 퇴근 후 동네의 후미진 독서실에서 영어 단어를 암기할 때, 때론 자신이 못나 보여 포기하고 싶을 때도 많았다. 그러나 그런 때일수록 나는 자신에게 다그쳐 물었다. "너는 너의 진정한 꿈을 포기하고 싶냐고? 그래서 그걸 접어 두고 살아갈 자신은 있는 것이냐고?"

마침내 하버드 공공 정책 대학원(하버드 케네디 스쿨)에 합격하였다. 하지만 그곳에서의 과정도 결코 순탄치 않았다. 모든 게 경쟁이었다. 수업 자체가 교수님과의 질의응답 혹은 공개 토론 방식이 많았다. 학급 동기생(175명)들 간의 경쟁은 살벌했다. 박사 과정은 5명 미만으로 선발되는데, 아무래도 불리할 수밖에 없는 외국 학생이 그들과 경쟁을 한다는 것 자체가 처음부터 말이 되지 않았다. 애초에 무리였다. 한 주에 다루는 원서의 분량도 한 과목당 3~5권을 다루는데, 케네디 스쿨은 한 학기 다섯 과목을 필수적으로 수강해야 했다. 그때 절망에 빠진 나에게 어떤 선배는 이렇게 말했다.

"박사 과정에 떨어지면 한국에 돌아갈 생각일랑 아예 하지 마라. 하버드 앞 찰스 강가에 너의 무덤을 만들어라!"

전략적으로 대응해야 했다. 경제학, 통계학은 조금 자신 있었으므로 토론 과목에 집중했다. 다음 날 해야 할 내용을 요약하고, 중요 논점을 골라 토론하거나 질문할 내용을 미리 연습했다. 어차피 가야 할 길이었다. 비록 가시밭길이라 하더라도 내가 좋아서 선택한 길이었다. 그렇게도 꿈에 그리던 하버드 대학이 아니었던가! 하버드 대학에서 정책학 박사를 받는다는 것은 상상만 해도 날아갈 것 같지 않았던가! 나는 잠을 줄이기로 했다. 때론 하루 2~3시간으로 버텼다. 책상에 엎드려 자면서 그 다음 날 수업을 준비했다. 최선을 다한 결과 박사 과정에 높은 성적으로 합격할 수 있었다.

드디어 그토록 꿈에 그리던 박사 과정에 진입했다.

박사 과정에서 학위 논문을 쓰는 것은 게임 방식이 달랐다. 석사 과정처럼 학점을 잘 받으면 되는 게 아니라 이젠 그야말로 진짜 학문을 해야 했다. 내가 몰입한 분야는 두 분야인데, 하나는 자기 전공과 관련된 영역이고, 다른 하나는 방법론이었다. 특히 방법론을 깊게 하면 할수록 연구에 자신감이 붙게 되므로 필수적이었다. 수학, 통계학, 경제학을 택하고, 경제학과 학부 수업부터 다시 들었다. 계량 경제의 기초이론과 벡터, 매트릭스 등을 공부하면서 통계학과 계량 경제학Econometrics을 익혀 갔다.*

* 빅 데이터와 패널 데이터를 공부하는 한편 GAUS라는 통계 프로그램을 익히고 비선형

학위 논문을 쓰는 과정에서 나는 낮과 밤을 거꾸로 살았다. 새벽 2시가 넘으면 온 세상이 고요하고 적막하여 세상에 나 홀로 존재하는 느낌이 들었고, 오직 나와의 학문적인 대화에 몰두할 수 있었다. 그냥 연구하고 싶은 마음이 끌리는 대로 자연스럽게 몰입했으며, 밤이 좋아서 깨어 있었다. 밤에는 주로 정치학과 컴퓨터실에서 밤을 지샜다. 내 지도 교수 중 한 분인 정치학과의 게리 킹Gary King 교수님은 내게 연구실을 사용할 수 있도록 배려해 주셨다. 킹 교수님은 정치학 방법론과 선거 예측 분야의 세계적 대가이다. 약관 28세의 나이에 하버드 대학 정치학과 교수가 되고, 30대 초반에 이미 종신교수tenure가 된 입지전적인 학자이다. 교수님은 내게 통계학 방법론의 중요성을 일깨워 주셨다. 교수님의 탐구 정신은 내게 존경과 흠모의 대상이었다.

하버드 정치학과와 법대 건물 사이로 조그만 오솔길이 나 있었다. 학문의 논지가 잘 서지 않거나 추구하던 문제가 잘 풀리지 않을 때면 나는 무작정 그 길을 따라 걸었다. 그 작은 길은 학문으로 진입하는 나의 작은 발걸음이었다. 나는 스스로에게 수도

종속 변수를 측정하기 위해 알고리즘을 직접 짰다. 그리고 포아송 회귀 모형과 허들 함수의 궤적을 수학적으로 모형화하는 방법을 배웠다.

없이 반복적인 질문을 던졌다. 그것은 비판과 성찰의 과정이었다.

- 너의 이론적 주장은 무엇인가?
- 기존의 연구와 어떻게 다른가? 방법론은 타당한가?
- 그것은 기존의 연구와 어떻게 다른가?
- 네가 하려는 학문적 기여는 무엇인가?
- 너는 정당하게 기존의 이론을 비판하고 있는가?
- 그것은 얼마나 정책적 함의를 지니고 있는가?

하버드에서 박사 논문을 쓰면서 내가 세웠던 방향은 세 가지였다. 첫째, 연구 주제는 당시 학문의 최일선에서 통용되는 글로벌한 주제를 택한다. 둘째, 최신, 최상급의 방법론을 익혀 적용한다. 셋째, 연구 결과는 최상급 국제 저널에 출판한다는 것이었다. 그리하여 나의 박사 학위 주제는 UN 등 국제 기구에서 이루어지는 동맹국들의 역학 관계에 관한 것이었고, 방법론은 최신의 통계 방법론인 포아송Poisson 분포와 비선형Nonlinear 허들 회귀 모형Hurdle Regression Model을 적용했다. 그리고 그 연구 결과로 제출된 박사 학위 논문은 국제 저널에 출판되었는데, 미국 정책분석관리학회(APPAMAssociation for Public Policy Analysis and Management)의 최우수 박사 논문으로 선정되었으며,《Journal of Public Policy》와《Economics and Politics》라는 권위 있는 국제 저널에 게재되었다.

이처럼 학문의 길을 걷는 것은 자기만의 독립적인 학문 세계를 연다는 뜻이다. 우주와 세상, 문명과 진리를 향해 자신의 길과 가능성을 열어두고 탐구하는 것이다. 더 나아가 제자를 키운다는 뜻이다. 제자를 양성하고 연구를 통해 자기만의 탐구 세계를 연다는 것, 그리고 그것을 통해 사회에 기여할 수 있다면 매우 보람 있고 가치 있는 일이다. 보람과 가치는 성취감으로 이어진다.

나는 정책학을 택했다. 정책학은 국가의 효과적 정책 결정을 연구한다는 점에서 매력적이지만, 정책을 통해 그 나라 국민들의 삶과 복지에 기여한다는 점에서 학문이 추구하는 인간의 존엄성이라는 이상과 가치가 매우 고귀하게 다가왔다.

가령, 현재 코로나로 인해 전 세계가 고통을 겪고 있는 가운데 어느 나라의 정책적 대응이 코로나19 바이러스 확산 방지에 가장 효과적일까를 비교 · 정책학적 관점에서 연구하는 것은 매우 중요하다. 이것은 데이터의 관점에서 과학적으로도 중요하지만, 과연 가난하고 소외된 지역이 더 취약하다는 것을 부각시킴으로써 인간의 존엄이라는 쟁점을 점화시킬 수 있을 것이다.

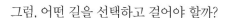

그럼, 어떤 길을 선택하고 걸어야 할까?

1. 행정 고시, 꼭 해야 하나? 해야 한다면 왜 그럴까?

　무엇이 좋은 것일까?

　우선 대한민국 정부의 사무관이 된다. 사무관은 정책을 입안하는 자리이다. 경제, 금융, 교육, 문화 분야에서 내가 기획한 사업이 실행되는 걸 볼 수 있다. 내가 검토한 아이디어에 예산이 투입되고 진행되어 결실을 맺는 모습을 볼 수 있다. 그것은 테마 파크 조성일 수도 있고, 산업 공단 투자일 수도 있고, 복지 혜택일 수도 있다. 정말 억울한 사람을 구제하는 일일 수도 있고, 인권이나 양성평등에 기여하는 일일 수도 있다. 이처럼 내가 고민한 결정(펜대) 하나가 국민의 삶에 지대한 영향을 미칠 수 있다. 그것은 공익과 국가에 이바지하는 길이다. 동시에 나도 발전할 수 있다. 가슴 설레는 일이다.

2. 로스쿨은 어떨까? 행정 고시만 그럴까? 가령, 로스쿨에 진학해서 대한

민국 법조인이 된다는 것은 어떨까?

로 클러크Law Clerk, 재판 연구원이 되어서 판사가 되거나, 검사로 임용될 수도 있다. 큰 로펌에서 변호사로 활동할 수도 있다. 그것은 대한민국의 정의를 바로 세우는 데 헌신하는 것이며, 작게는 억울한 사람을 구제해 주는 일일 수도 있다. 그건 좋은 일이다. 그리고 가슴 뛰는 일이다.

3. 대학원 진학? 국내 대학원에 입학하여 석사를 마치고 유학을 가면 어떨까?

더욱 효과적이다. 내 경우도 그랬다. 국내 대학원에서 정책학 석사를 마치고 유학을 갔다. 이렇게 하면 전공 과목에 대한 이론을 익힐 수 있어서도 좋지만, 더 나아가 지도 교수와 학문적 인연을 맺을 수 있어서 더욱 좋다. 나중에 한국에 돌아왔을 때 학문적 네트워크가 구축되어 있어서 더욱 바람직한 것이다. 한편, 최근에는 인터넷 발달로 모든 자료를 어디에서나 검색 가능한 세상이 되었고, 무크Mooc 등을 통해 내 방에 앉아서 하버드 대학의 명강의를 들을 수 있게 되었다. 해외 빅 데이터들도 손쉽게 접근 가능한 세상이다.

따라서 국내와 해외 대학원의 데이터와 방법론이 큰 차이가 나지 않는 세상이 되었고, 대학원생의 의지와 노력에 따라 국내에서도 얼마든지 세계적인 연구를 진행할 수 있게 되었다. 군이 글로벌한 시각을 익히려면 박사 후 연구원Post Doc 과정을 다녀오면 될 것이다. 열정과 의지만 있다면 얼마든지 국내에서도 얼마든지 세계적 수준의 연구를 진행할 수 있게 되었다.

물론 지금 당장은 막연할 수도 있다. 처한 환경이 꿈을 갖는다는 게 사치일 수도 있겠다. 그리고 어떤 사람이 걸어왔던 길을 일반화시키는 것도 무리이다. 다만 이런 사례에서 중요한 힌트를 얻고 뭔가 동기를 부여받을 수 있었으면 하는 바람이다. 학문의 길이 아니면 또 어떤가? 춤을 추고 음악을 하면 어떤가? 무대에 서서 연극을 하고 학생을 가르치면 어떤가? 그런데 계속해서 묻고 있다. 그게 당신의 길은 맞냐고? 그래서 우리는 물어야 한다. "너는 가슴 뛰는 목표가 있는가?"

중요한 점은 내가 어떻게 느끼는가이다. 무엇이 되는가보다 내게 어떤 것이 와닿은가 하는 것이다. 내 가슴에 어떤 느낌으로 꽂히는가? 그 느낌에 충실하라. 어떤 꿈이 내 가슴 더 깊이 다가오는가? 내 가슴을 떨리게 하는가? 지금 내 가슴을 설레게 만드는 꿈은 무엇인가?

　나 역시 대학원에서 제자들에게 끊임없이 자극을 주고 나도 또한 자극을 받고 싶다. 그리하여 보다 나은 삶의 자세와 학문의 세계로 나아갔으면 한다.

"우리 모두 좀더 높게 목표를 정하고 미래를 개척해 봅시다. 노력만 있다면 길은 얼마든지 열려 있지 않을까요? 물론 때로는 가시밭길이 앞에 있고 때론 암담할 수도 있겠지만 길게 바라보고 용기를 내봅시다. 그 암담하던 장애물도 가까이 다가가면 열릴 수 있습니다. 다가갈수록 길은 더 뚜렷이 보이게 됩니다. 그 길을 향해 노력하면서 함께 풀어가 봅시다."

하버드 진학 5단계 전략

영어(TOEFL, GRE) 고득점 전략, 하버드 대학 입학,
하버드에서 성공하기

1. TOEFL, GRE 고득점을 공략하라!

❶ 목표 점수대를 먼저 정하라.
❷ 고득점 목표의 전략 파트를 정하라.
- TOEFL의 경우에는 듣기, 독해, 문법 중에서, GRE의 경우
  에는 언어, 수리, 분석 중에서 전략 파트를 정해서 중점 공
  략하라.
❸ 나만의 일일 단어장을 만들어 어휘(Vocabulary) 능력을 강화
  하라.
- 다양한 형태의 교재에 수록된 단어 및 예제들을 체계적으
  로 반복 학습하고 암기하라.
❹ 고득점 획득을 위해 Listening과 Writing 능력을 강화하라.
- 미국의 CNN, ABC, NBC 등 영어 뉴스와 미국 영화의 명
  장면 대화(script)를 반복적으로 암기하라.

2. 입학 원서(에세이)를 풍부하게 작성하라!

❶ 작은 에피소드라도 놓치지 마라.
  • 인생에서 성공과 실패 사례를 모두 작성하고, 작은 에피소드에서라도 의미를 발견하고 재구성하라.
❷ 자신의 스토리를 리얼하게 구성하라.
  • 진부한 이야기가 아닌 진솔한 이야기를 통해 배운 점(학습 요인)을 제시하는 등 자기만의 생생한 스토리로 재구성하라.
❸ 다양한 관점에서 전공 선택 동기를 작성하라.
  • 자신의 미래지향적 학술적 동기와 정책적 동기(자신의 미래 자아상과 관련된 국가적 공헌 모습)를 상상하며, 다양한 관점에서 발전적 미래상을 적극 개진하라.
❹ 현실감에 토대를 둔 개성 있는 추천서를 받아라.
  • 틀에 박힌 추천서가 아닌 수험생과 추천인의 구체적 관계와 함께 일해 본 경험이 담긴 에피소드를 토대로 구성하라.
  • 공식 추천서 외에도 신뢰도를 극대화하기 위해 하버드 동문(Alumni)과의 인연이 있다면 이를 적극 활용하라.

3. 수업 준비 프로세스를 구축하라!

❶ Topic 자료 수집 후 토론 예상 및 시나리오를 작성하라.
❷ 토론 수업에서 코멘트와 발언 포인트의 정확한 시점을 포착하라.
❸ 프레젠테이션에서 자신감 있는 모습을 보여라.
❹ 교내의 외국인 동료와의 스터디 그룹을 적극 활용하라.
  • 기말 논문 혹은 리포트 제출 시 철저하게 영문 교정(Proof Reading)하고, 특별한 경우에는 전문 에디터를 활용하라.

4. 자신의 강점이 되는 과목을 파악하고 주력하라!

❶ 자신의 강점을 살릴 수 있는 전략 과목을 선정하라.
❷ 높은 동료 평가(Peer Evaluation)를 받기 어려운 경우에 대비하여 전략 과목에 치중하라.
❸ 전략 과목을 보강할 수 있는 기초 실력을 강화하기 위해 Summer와 Winter School(여름과 겨울 도전학기)를 적극 활용하라.
❹ 박사 과정 TA(조교)들이 제공하는 Q&A 및 Review Session(복습 수업)의 기회를 놓치지 마라.
❺ Register Office(학사지원과)에 비치된 수업 및 교수 평가 정보를 적극 활용하여 전략적 과목을 선택하라.

5. 유학 생활에서 기록, 정리, 보관하는 습관을 길러라!

❶ 수업과 관련한 실수를 최소화하기 위해 수업 일정(시험, 발표, Term Paper 제출 등)을 항상 메모하고 숙지하라.

❷ 공부하는 시간을 효율적으로 활용할 수 있도록 시간 관리를 엄격하게 하라.

❸ 공부 시간을 확보하되 주말 파티 등에 참여하여 수업 동료들과의 인적 교류(Networking)도 소홀히 하지 마라.
미래에 대한 정보, 수업에 대한 정보도 얻을 수 있지만, 보다 본질적으로 동료들과의 긴밀한 유대관계는 서로 많은 도움이 될 수 있다.

❹ 다양한 기회를 놓치지 않기 위해 항상 기록하는 습관을 유지하라.

❺ 무엇보다도 마음가짐과 정신 관리(멘탈 관리)가 제일 중요하다. 내가 애초에 왜 여기에 왔는지, 꿈과 소망은 무엇이었는지를 늘 상기하며, 정신적 균형감과 평정심, 그리고 적절한 긴장감을 유지하라.

TOEFL, GRE 고득점 공략하기

- 목표 점수대를 먼저 정하기
- 고득점 목표의 전략 파트를 정하기
- 나만의 일일 단어장으로 어휘 능력 강화하기
- 고득점 획득을 위해 Listening과 Writing 능력 강화하기

입학 원서 풍부하게 작성하기

- 작은 에피소드라도 놓치지 않기(성공/실패 사례)
- 자신의 스토리를 리얼하게 구성하기 (진솔한 이야기)
- 다양한 관점에서 전공 선택 동기를 작성하기
- 현실감에 토대를 둔 개성 있는 추천서를 받기 (추천인, 구체적 에피소드, 하버드 동문 활용하기)

수업 준비 프로세스 구축하기

- 토론 예상 및 시나리오를 작성하기
- 코멘트와 발언 포인트의 정확한 시점을 포착하기
- 자신감 있게 발표하기
- 외국인 동료와의 스터디 그룹 활용하기
- Proof Reading과 전문 에디터 활용하기

전략 과목 선택하기

- 전략 과목 선정하고 주력하기
- 기초 실력 강화를 위해 Summer/Winter School 적극 활용하기
- 박사 과정 조교들의 Tutoring Review Session 활용하기
- Register Office에 비치된 수업/교수 평가 정보 활용하기

기록, 정리, 보관하기

- 수업, 발표, 시험, 논문 제출 등 스케줄 철저히 관리하기
- 시간 관리 엄격하게 하기
- 공부 시간과 인적 교류 시간을 구분하여 균형된 시간 관리하기
- 기록하는 습관으로 다양한 기회를 놓치지 않기

3장

준비와 설계

심층마음에 각인된다는 의미는 신경 세포의 관점에서 보면 우리 뇌의 깊숙한 곳에 각인된다는 것이다. 명료한 목표가 생겨서 내 가슴을 뛰게 만들면 심층마음에 각인된다. 그러면 자신감이 생기고, 목표는 이루어진다.

🖊 21일간의 기적

노력 없이 되는 일이 있을까? 그건 있다 해도 금방 사라지는 것들이다. 한여름 밤의 꿈과 같은 것들이다. 아침 이슬 같고 아지랑이 같은 것들이다. 꿈을 갖지 못하는 것은 두려움 때문이다. 실패를 먼저 생각하니 선뜻 용기가 나지 않는 것이다. 또는 꿈을 갖는 습관이 없어서이다. 꿈을 갖는 것도 연습이 필요하다. 앞에서 언급한 혜암 스님 말씀처럼 한번 통 크게 내려놓고 다가가 보자. 괜찮다. 다 괜찮다. 도전하다가 죽어도 된다. 그 자체로 의미 있을 수 있다. 그러니 두려워 말라. 그냥 시도해 보자. 어려우면, 넘어지면 다시 털고 일어나 하늘 향해 웃고 걸어가자.

누구나 좌절감을 느끼게 된다. 성공한 사람들도 숱한 좌절이 있었다. 겉으로는 의연해 보이지만, 절대 아니다. 그들 역시 많은 두려움을 안고 있었다. 그냥 의연해 보이는 것뿐이다. 좋게 말하자면, 그 많은 두려움과 좌절을 딛고 학습된 것이다.

따라서 우리도 현재의 고난에 무너지지 말자! 자신을 믿어라! 지금 느끼는 좌절은 정신을 더욱 강하게 만들 거름이 될 것이다. 포기하지 않고 꿈을 좇다 보면, 어느샌가 당신은 성공한 사람이 되어 다른 누군가로부터 존경받고 있을 것이다.

21일간의 기적이라는 말이 있다. 21일간 노력하면 성취된다는 뜻이다. 옛날 우리 어머님들은 삼칠일(3×7=21) 기도를 올렸다. 삼칠일 기도를 통해 아들딸을 위해 지극 정성으로 기도를 올리면 뜻이 이루어진다고 믿었다. 지극한 정성이 하늘에 닿아 이루어지는 것이다. 여기서 하늘이란 우리 뇌의 가장 깊숙한 곳, 뇌간Brain Stem을 의미한다.

우리 뇌의 가장 깊숙한 뇌간이라는 곳까지 목표 염원이 내려가 닿으면 반드시 성취되는 것이다. 그곳에는 망상 활성계RAS, Reticular Activating System라는 신경 다발 그물망이 있는데, 그곳에 뜻과 정성이 닿으면 마치 첨단 미사일의 자동 항법 장치처럼 목표를 명중시킨다. 이를 신경과학자 캔디스 퍼트Candace Pert의 이론으로 설명할 수 있다.

감정이 분자로 전달되는 과정으로, 뇌신경 세포를 따라 전달된 전기 신호는 시냅스를 만나면 화학 물질을 쏟아내는 방식이다. 이때 중요한 점은 수용체受容體의 태도이다. 신경 전달 물질이 깨알처럼 쏟아졌을 때 이를 받고 안 받고는 수용체의 결심에 달려 있다. 수용체가 "예스!" 하고 열쇠 구멍을 열면 그 감정은 받아들여지지만, 그 반대의 경우라면 열쇠 구멍은 닫히고 뜻은 거절된다. 이런 방식으로 우리의 결심은 이루어지는 것이다. 아무리 작은 감정이라도 이런 과정을 거쳐서 이루어진다. 우리가 강한 태도로 거부하면 절대 이루어지지 않는다. 반대로 내가 수용하면 그 결심은 빠르게 진행된다.

하버드 의학박사 디팩 초프라는 이를 혁명적 발견이라고 극찬했다. 감정과 같은 마음이 몸으로 연결된다는 점을 최초로 밝혀냈기 때문이다. 마음-몸의 연결고리를 밝힌 것이다. 이는 더 나아가, 우리의 심층마음과 표층의식의 관계도 보여 준다. 심층마음에서 이루어진 결심과 목표는 우리 내면의 깊은 심전心田, 아뢰야식에 종자種子로 머물다가 시간이 지나면 싹과 뿌리를 내리고 결국에는 표층의식으로 올라와 생각, 감정, 오감이라는 꽃과 열매를 맺게 되는 것이다.

심층마음과 목표

여기서 한발 더 들어가 보기로 하자. 우리 마음의 가장 깊은 곳, 그곳을 심층마음이라고 한다.* 우리 마음은 심층마음과 표층 의식 이렇게 둘로 이루어져 있는데, 흔히 우리가 현상에서 보고 느끼는 생각과 감정은 표층의식에서의 작용이다. 이러한 표층의

---

* 심층마음은 불교 철학자, 한자경 교수가 이론적으로 정립한 개념이다. 한자경 교수는 심층마음과 표층의식을 대별하여 심층 아뢰야식에서 이루어지는 작용이 시간, 공간, 여건을 거쳐 심층의식으로 표현된다는 점을 불교 이론을 빌어 체계적으로 정립했다. (한자경.(2021). 『마음은 어떻게 세계를 만드는가』 김영사; 한자경.(2020). 『심층마음의 연구』 서광사.)
심층마음에는 나, 너, 그가 없다. 우주 정보를 모두 함유하고 있기에 제8 아뢰야식의 우주심, 일심, 진여심이다. 또한 번뇌 종자를 함장하고 있으나 번뇌에 오염되지 않는 청정식이며, 공적영지심이며, 본래 마음이다. 하지만 표층의식에서는 제7말나식의 작용으로 개체의식이 발현된다. 나, 너, 그로 나눠지고, 또한 시간과 공간이 쪼개진다. 하지만 우리는 심층마음을 통각할 수 있다. 그것은 영가 현각永嘉 玄覺(665-713) 선사의 말씀처럼, 우리 "마음은 마음을 이미 알고 있기" 때문이다. 그것을 자기지自己知 혹은 공적영지심空寂靈知心라고 한다. 텅비어 보이는 대상이 없더라도 보는 마음이 없는 것은 아니며, 전체가 고요하여 들리는 대상이 없더라도 듣는 마음마저 없는 것은 아니다. 고요하여 텅비어 있지만 밝게 알아차리는 마음이 있다. 그것을 찾아보라. 그 마음은 무엇인가?

마음이 마음을 이미 안다는 것은 자기지自己知가 있어서 그러하다. 우리 마음은 대상을 분별하여 아는 대상지對象知뿐만 아니라 마음이 마음을 이미 아는 자기지自己知를 가지고 있다. 이를 원효元曉(617-686) 대사는 성자신해性自神解라고 하고, 보조국사 지눌知訥(1158~1210)은 공적영지空寂靈知라고 했다. 그것이 우리 심층마음의 근원적 작용 혹은 진여真如라고 할 수 있다.

식에서의 작용은 우연히 이루어지는 것이 아닌데, 심층마음에서 오래 숙성된 결과로 나타나는 것이기 때문이다.

이처럼 심층마음은 내면에서 늘 우리를 지켜보고 있다고 할 수 있는데, 그곳은 고요하면서도 텅비어 있고, 밝은 알아차림으로 깨어 있다. 단지 평소에는 우리가 자각하지 못하고 있을 뿐이다.

굳이 이 대목에서 심층마음과 같은 철학적 주제를 들먹이는 이유는 이것이 내 인생에서 중요하기 때문이다. 특히 젊은이들이 이러한 과정과 구조를 이해하게 되면 자신의 인생을 멋있게 설계하는 데 큰 도움이 될 것이다. 조금 더 진행해 보자.

그렇다면, 그 밝은 알아차림이란 무엇일까? 번개처럼 순간적으로 번쩍이는 인식, 내면에서 항상 지켜보고 있는 그 근원의 식이란 무엇일까?

그 근원의식은 존재의 살아 있는 생생한 느낌인데, 그것은 내면에서 깨어 있으면서 우리를 지켜보는 밝은 알아차림이다. 그것은 늘 우리를 지켜보고 있다. 그러다가 어떤 목표가 생겨서 심층마음의 결심으로 굳어지면(이는 앞에서 말한 것처럼 뇌간의 망상 활성계에 입력되는 형태로 나타나는데), 그 결심은 반드시 이루어지게 되는 것이다. 이처럼 우리의 꿈과 목표가 이루어지는 과정은 하나의 과학이다. 그것이 굳은 결심으로 내면에 자리잡으면, 다시 말

심층마음에 각인
　↳　Confidence
　　　↳　Self-Trust
　　　　　↳　Self-Resdect
　　　　　　　↳　목표 성취!

〈그림 1〉 목표는 어떻게 성취되나?

해 우리의 심층마음에 각인되면, 그것은 반드시 이루어지고야 마
는 것이다. 이처럼 심층마음에 각인되면 목표는 성취된다. 그렇
다면, 심층마음에 각인되려면 어떻게 하면 되는가?

먼저 꿈은 가슴이 뛰는 것이야 한다. 그리고 목표는 명료해
야 한다. 그렇게 생긴 목표는 간절한 마음craving, desperate과 함께
자신감으로 이어지는 것이다.

1. 가슴이 뛰어야 한다.

2. 목표는 명료해야 한다.

3. 간절해야 한다.

4. 간절하면 열정이 생기고, 열정이 있으면 자신감도 생긴다.

심층마음에 각인된다는 의미는 신경 세포의 관점에서 보면 우리 뇌의 깊숙한 곳에 각인된다는 것이다. 명료한 목표가 생겨서 내 가슴을 뛰게 만들면 심층마음에 각인된다. 그러면 자신감이 생기고, 목표는 이루어진다.

✏️ 자신감은 어떻게 생기는가?

　자신감은 간절한 목표가 있을 때 생긴다. 간절한 목표가 내 가슴 깊은 곳에 와닿으면 나를 절박하게 만든다. 절박하고 간절한 나의 설렘과 소망은 작은 시도들을 통해 자신감으로 쌓인다.

　간절한 마음이란 영어로 'Craving'과 'Desperate'인데, 간절히 원하는 절박한 심정은 나를 움직이게 만든다. 이것은 목표가 우리 가슴 깊은 곳에 와닿을 때 생기는 현상인데, 내게 명료하고

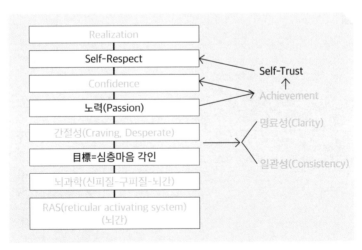

〈그림 2〉 자신감은 어떻게 생기는가?

간절한 목표가 생기면 내 가슴을 뛰게 하고 그러한 목표는 깊은 내면에 각인된다.

　이런 방식으로 목표가 심층마음에 각인되면 간절한 마음이 생기고, 그것은 노력을 통해 자신감으로 이어진다. 목표가 명료하고 일관되면 깊은 내면에 와닿게 되고, 그러한 간절한 목표는 자신감으로 이어지고 큰 성취를 낳게 된다.

- 추상적인 꿈과 비전을 좀더 현실적인 목표로 구체화해 보자. 연 단위, 월 단위, 주 단위, 일 단위로 쪼개서 실행 계획으로 구체화해 보라. 구체화된 꿈과 비전은 현실로 나타나게 될 것이다.

- 자신의 원대한 꿈과 되고 싶은 목표를 "된다. 된다. 나는 된다!" "한다. 해야 한다. 할 수 있다!" 등의 구호와 함께 늘 외우고 다짐하자. 수첩과 휴대전화와 같이 늘 소장하는 물건에 새겨두거나 책상 등 눈에 보이는 곳에 써 놓고 시각화하는 연습을 하자.

- 꿈을 구체화하기 위해서 다음과 같이 단계적으로 생각해 보자.
1. 그대가 진정 하고 싶은 일은 무엇인가?
2. 언제 그 일을 이루고 싶은가?
3. 꿈을 이루기 위해서 감수해야 할 것은 무엇인가?
4. 그 꿈이 '하고 싶은 일'이라면 관련된 그림이나 사진, 문장을 만들어서 잘 보이는 곳에 붙여 놓아라.
5. 만약 꿈이 '소유하고 싶은 것'이라면, 직접 가서 눈으로 보거나 사진을 구해 눈에 띄는 곳에 붙여 놓아라.*

---

* 다니엘 박. (2004). 『성공의 8단계』(아름다운 사회)에서 인용.

시련은 누구에게나 있다. 포기는 아직 이르다. 최악의 경우에도 자신을 격려하며 앞으로 나아가라! 그러면 그 앞에 당신의 꿈이 있을 것이다.

고생한 대가는 정직하다. 지금의 고난이 훗날 당신의 달콤한 결실의 토대가 될 것이다. 그러니 끊임없이 자신과 싸워라. 자신과의 싸움에서 이긴 자만이 그 결실을 맛볼 수 있을 것이다.

성공한 인생을 꿈꾸기 위해서는 설계가 필요하다. 내 인생의 설계도에는 미션과 비전이 담겨야 한다. 먼저, 미션이란 "나는 누구인가?"에 해당하는 본질적인 질문이다.

나는 왜 태어났지? 진정 이번 생에 내가 해야 할 일은 무엇일까?

이런 질문을 통해 자신의 내면 가치를 발견하는 것이다. 사람은 누구나 태어난 이유가 있다. 단순한 우연으로 혹은 아무 목적도 없이 태어난 사람은 없을 것이다. 우주는 신성하고 고귀하며, 인간은 우주의 핵심적 존재이기 때문이다. 찾아보고, 곰곰이 생각해 보자.

이번 생에서 나의 목적은 무엇인가? 내가 잘하는 일은 무엇일까?

이러한 미션의 발견은 나의 비전으로 이어진다. 비전은 보다 구체적인 진로에 해당된다. 말하자면 직업 선택이다. 행정 고시를 볼까, 로스쿨을 갈까, 기업에 취업할까?처럼 진로 방향부터, 국제 변호사, 고위 공직자, 펀드 매니저, 혹은 경영 컨설턴트와 같이 구체적인 직업 선택과 연관된다. 따라서 자신의 진로나 직업을 선택하기 전에 보다 근본적인 질문이 필요하다. 즉, "나의 미션은 무엇인가? 나는 어떤 일을 할 때 가장 즐겁고 보람된가?"와 같은 질문에 답하는 것이다.

나는 어떤 일을 할 때 가장 즐거운가? 그리고 몰입할 수 있는가?

고요함은 영어로 "Silence, Stillness"이다. 텅빈 고요함이다. 주위가 고요해서 뇌파*가 가라앉은 상태이기도 하지만, 본질적으로는 바깥 대상 경계를 따라가지 않는 마음을 의미한다.

갑자기 고요한 마음을 말하는 이유는 고요한 마음에서 자신의 인생 진로를 보다 분명하게 자각할 수 있기 때문이다. 보통 우리는 일상에서 너무 바쁘다. TV나 휴대전화를 보고, 영화를 보거나 게임을 하고, 친구와 수다 떨고, 그러다가 내일 일을 걱정하기도 한다. 기쁘다가 지루했다가 우울해지기도 한다. 하지만 이 모든 일들을 자세히 관찰해 보라. 모두 대상들이다. TV, 휴대전화, 영화, 게임, 친구, 일…… 기쁨, 지루함, 우울이라는 감정과 생각. 이 모두가 대상들이다. 이것들은 모두 우리 마음의 표층의식에서 일어나는 대상들이다. 이것들에만 주로 빠져 있으면 더 깊은 마

---

* 베타파bata(β) wave, -波:: 낮에 일상적으로 활동하는 뇌파
알파파alph(α) wave, -波: 고요하고 텅빈 상태에서 나오는 뇌파
세타파theta(θ) wave, -波 (혹은 델타파delta wave, δ-wave, -波): 더 깊은 명상 상태에서는 나오는 뇌파

음에서 일어나는 고요함을 놓치고 산다. 그리하여 인생의 중요한 대목, 자신에 대한 지혜를 놓치기 쉽다.

고요함과 텅빔, 그리고 밝은 알아차림은 대상에서 나오지 않는다. 이것은 대상을 보는 나의 깊은 마음에서 나온다. 위에서 말한 모든 항목들이 객관적 대상들이라면, 고요함은 나의 주관적 인식을 말하는데, 우리는 흔히 대상에만 너무 몰두해 있다. 그러고는 그것이 인생의 전부인 줄 알고 살아간다. 하지만 고요하게 생각해 보자. 나는 진정 누구인가? 그리고 나의 진정한 나다움이란 무엇인가? 내 인생의 참다운 지혜는 이러한 고요함 속에서 나온다.

해답은 심오한 것으로부터 건져 올려야 한다. 재빨리 낚아 올리면서 여유를 갖는다는 게 무슨 뜻일까? 마음의 여유롭게 가지면서도 깨어 있고 주변 환경에 잘 맞춘다는 것은 무슨 뜻일까?[*]

현재에 더 집중하길, 더욱 또렷하게 사고하길, 통찰력과 진실을 더 잘 바라보길, 그리고 무엇보다 더 많이 고요하길 원해야 한다.[**]

[*] 라이언 홀리데이. (2020). 『스틸니스』. 김보람 옮김. 흐름출판. 78쪽.
[**] 라이언 홀리데이. (2020). 『스틸니스』. 김보람 옮김. 흐름출판. 164쪽.

이러한 텅빈 고요함 그리고 깨어 있음은 직관으로 이어진다. 직관은 통찰력을 낳는다. 나는 어떻게 살 것인가? 어떤 일을 할 때 나는 가장 행복한가?

잠시 휴대전화나 PC를 꺼 보자. 친구와의 대화도 잠시 멈추고 고요하게 내면으로 들어가 보자. 혼자 숲길을 걸으며 자신을 생각해 보자. 꽃과 자연을 보면서 자신을 돌아보자. 나는 누구인가? 대상을 바라보는 나는 텅빈 고요함으로 깨어 있다는데 그 밝은 알아차림이란 무엇일까?

그리고 무엇보다 나는 어떤 인생을 살 것인가? 우리가 의식을 외부 대상에만 두고 온종일 끌려 다닌다면 진정한 나다움을 발견하기란 불가능할 것이다. 공연히 생각과 번뇌만 늘어날 것이다. 하지만 우리가 의식을 고요함에 두고 자신의 진정한 내면을 돌아본다면 나다움이 무엇인지 발견할 수 있을 것이다. 나답게 살고, 참다운 행복을 누릴 수 있는 나의 진로와 방향이 뚜렷하게 보일 것이다. 그게 진정한 직관이다. 그럴 때 그대의 지혜와 통찰은 초신성으로 빛난다.

마음을 고요히 갖고 되돌아보자. 하루를 마치고 자신의 하루를 되돌아보며, 늘 자신을 돌아보는 삶을 살라. 자기 전 10분이라도 고요하게 명상하며 자신을 돌아보고 내일을 계획하는 습관을 기르자.

심층마음에 들어가는 방법을 익혀 두자. 지금 "나"라는 주어, "지금, 여기"에 깨어 있는 생생한 존재감에 집중해 보라. "나는 ~이다"에서 "배고프다", "슬프다", "우울하다" 등 뒤의 술어에 집중하지 말고, "나"라는 주어에 집중해 보자. 그것은 존재의 생생한 느낌이며, 깨어 있는 의식이며, 텅비어 고요한 가운데 늘 우리를 지켜보는 밝은 알아차림이다. 심층마음은 늘 깨어 있고 밝게 알아차리는 본래 각성된 마음이다. 스스로를 알아차리고 또 비춘다.

우리는 보통 술어에 해당하는 대상 의식에 너무 빠져 있는 경향이 있다. 그리하여 생각, 감정, 느낌이 나라고 착각한다. 하지만 그 대상에서 빠져나와 분별과 대상이 없는 그곳, 고요하고 텅빈 근원의식 의 마음으로 들어가는 연습을 해 보자. 그곳은 우리의 직관과 통찰력이 발현되는 내면의 근원이자 원천이다.

• 한편, "된다, 된다, 나는 된다!", "한다, 해야 한다, 할 수 있다!" 등 자신만의 문구를 정해 자신의 집중력을 길러 보자. 자신의 미래상을 설정한 후, 책상, 수첩, 휴대전화 등 눈에 보이는 곳에 메모로 붙여 놓고 집중해 보자. 우리의 의식이 한 곳에 집중해 있는 동안에는 마음이 흩어지지 않는다.

• 평소 10분 독서하는 습관을 기른다. 하지만 단순히 그냥 읽는 것이 아니다. 밑줄을 긋고 메모를 하면서, 책을 '자기 것'으로 만들자. 독서를 치열하게 하는 몰입 독서 혹은 음미하는 독서를 하루 10분 이상 실천하자. 치열하게 공부하면 사물의 이치를 꿰뚫게 된다. 둥근 해나 밝은 달이 환하게 떠오른 것처럼 자신의 내면을 환하게 비추는 날이 올 것이다. 이런 심정을 퇴계는 이렇게 표현했다. "내 마음 꽉 잡고 태허太虛를 보았노라!"

4장

감성

미래 세상의 주역이 될 여러분은 긍정적 사고를 가졌으면 한다. 모든 사고를 긍정적으로 하면서 나의 부족함을 솔직하게 바라보도록 하자. 그리하여 나의 결점을 고쳐 나가면서 희망과 행복을 찾아보기로 하자. 다른 사람의 허물보다는 내 허물을 먼저 보고, 갈등보다는 조화 속에서 해답을 찾고 미래의 긍정성을 구현해 나가는 사람이 되는 것이 좋을 것이다. 이런 사람이 자신의 목표도 더 빨리 성취할 수 있다.

　이번에는 고요함과 텅빔을 통해 자신만의 세계를 구축하고 세계적으로 이름을 떨친 사례를 알아보자. 자신의 직업에 고요함을 적용해 명성을 얻은 사례지만, 굳이 이런 방식으로 깊이 들어가지 않더라도, 고요함은 우리에게 깊은 감성을 주고 인생을 진정한 아름다움과 행복으로 이끄는 힘을 가지고 있다.

　고요함과 텅빔은 마음을 깨끗하게 비워주고 이러한 노력은 때때로 예술 작품의 성공으로 이어진다. 대중들은 이때 깊은 감동을 받으며 열광하게 된다. 사진작가 김아타가 그랬다. 김아타의 사진 예술이 대중들에게 극찬을 받는 이유는 고요한 내공을 통해 자신만의 세계를 구축했기 때문이다. 이러한 고요한 내공은 지리산 배네골에서 보낸 10년의 비움에서 닦아졌다. 10년간 자

---

* 이 장의 내용은 졸저. (2016). 『포기하지 마! 넌 최고가 될 거야』 (행복에너지)를 새롭게 정리한 것이다.

연에서 보낸 고독과 외로움에서 자신만의 시각을 구축할 수 있었고, 사진 작품 속에 끊임없는 해체▒▒라는 독특한 철학으로 빛났다. 이것이 바로 김아타가 뉴욕을 감동시키고 세계를 감동시킨 힘이었다. 《뉴욕 타임스》가 김아타를 '철학적인 사유가 깊은 사진 작가'라고 평했던 이유도 여기에 있다.

"배네골에서 보낸 10년은 무모했지만, 그것은 가치 있는 행동이었고 축복이었다.", "남들과 다른 방향으로 갔기에 나는 새로운 곳에 갈 수 있었다."는 의미 있는 말로 자신의 감회를 대신했다.

김아타는 자신의 철학을 과감하게 표현했다.

작가 김아타는 유행을 따라가느니 유행을 만들고 싶었고, 자유를 모방하느니 자유를 창조하고 싶었다. 지리산 배네골에서 보낸 10년, 그는 그곳에서 생명을 보았으며, 우주를 보았다. 큰 바위와 나무, 흐르는 강물과 강가의 돌들에서 살아 있는 생명 덩어리를 보았다. 어둠이 내리는 배네골에서 살아 움직이는 모든 것들의 축제를 목격했다.

세상에서 가장 적막한 계곡에서 10년을 보낸 그는 이제 세상에서 가장 시끄러운 도시, 야만과 진화의 도시, 지독한 아이러니의 도시, 뉴욕 맨해튼 29번가로 떠났다. 〈온-에어ON AIR〉시리즈에서 텅빈 타임스퀘어를 보여 주었고, 바람과 정적이 감도는 42번가를 보여 주었다. 베네골에서 단련한 그만의 이미지 감성 훈련이 뉴욕 사람들을 놀라게 했고, 그의 명성은 런던으로, 베이징으로, 그리고 또 더 먼 곳으로 펼쳐졌다.

✏️ 긍정적 마음, 긍정적 언어

긍정은 높은 주파의 에너지를 발산한다. 사랑, 기쁨, 존경과 같은 긍정적 마음은 높은 주파의 에너지를 발산한다. 사랑, 기쁨, 존경과 같은 긍정적 생각을 자주 하면할수록 우리 신경 세포의 에너지는 증폭되며, 이러한 습관이 반복되면 자신의 삶도 긍정적으로 바뀐다.*

그렇기 때문에 우리는 긍정의 단어를 써야 한다. 심하게 부정적이거나 비판적인 사람 옆에는 가지도 마라. 흔히 대학에서는 비판적 사고라고 하여 비판을 잘 하는 사람이 높은 지성인인 것처럼 칭송하는 경향도 있지만, 그건 우선 긍정적 사고가 깊이 뿌리내린 이후라야 의미가 있다.

사물을 보는 눈도 두 가지가 있다. 우선 비판적이고 회의적으로 보는 사람이 있는가 하면 일단 긍정을 하면서 대안을 제시하는 사람이 있다. 그건 하나의 습관이다. 일단 삐딱하게 보는 것

---

* 습관은 인과성因果性, 업보성業報性, 세균성細菌性을 거쳐 세포 속 DNA에 깊이 각인되는 유전성遺傳性으로까지 이어지는 것이다.

도 습관인 것이다.

미래 세상의 주역이 될 여러분은 긍정적 사고를 가졌으면 한다. 모든 사고를 긍정적으로 하면서 나의 부족함을 솔직하게 바라보도록 하자. 그리하여 나의 결점을 고쳐 나가면서 희망과 행복을 찾아보기로 하자. 다른 사람의 허물보다는 내 허물을 먼저 보고, 갈등보다는 조화 속에서 해답을 찾고 미래의 긍정성을 구현해 나가는 사람이 되는 것이 좋을 것이다. 이런 사람이 자신의 목표도 더 빨리 성취할 수 있다.

목표가 난관에 부딪칠 때, 너무도 쉽게 포기하는 사람들이 있다. 부정적인 언어를 사용하면서 자기 합리화를 시도하는 것이다. "난 안돼, 할 수 없어."와 같은 부정적인 단어가 머릿속에 각인된 것처럼 보이는 경우도 있다.

『5초의 법칙』의 저자 멜 로빈스는 우리 뇌간Brain Stem의 망상 활성계는 자동 목적 달성 장치처럼 작동한다고 말한다.* 자신이 꿈꿔 왔던 대상을 끊임없이 상상하고, 이를 언어로 표현하면 어느 순간 꿈은 현실로 나타난다는 것이다. 머릿속에 긍정의 단어를 지

---

* 멜 로빈스. (2020). 『5초의 법칙: 당신을 시작하게 만드는 빠른 결정의 힘』. 정미화 옮김. 한빛비즈. 85쪽.

속적으로 반복해서 각인하면 마치 첨단 미사일의 열 추적 장치처럼 기필코 목표물을 적중시키게 된다. 『5초의 법칙』의 저자인 멜 로빈스는 보스턴에서 거주하던 소위 잘나가던 변호사였다.

"다트머스대학교와 보스턴칼리지 로스쿨을 졸업하고, 전도유망한 20대를 보냈던 그녀에게 닥친 시련 역시 만만치 않은 것들이었다. 사업의 파산, 단절된 경력, 이혼 위기에 직면한 부부관계, 심각한 불안증과 알코올 중독이었다. 자신의 전부인 자녀들과 함께할 수조차 없었던 그녀는 변화와 새로운 시작 앞에서 자신을 주저하게 만들었던 불안감과 두려움을 이겨내기 위해 내적인 투쟁을 하고 있었다. 그리고 마침내 그녀는 5초의 법칙을 깨닫게 되었다. 그녀는 사소한 일상에서 작은 용기를 냈다. 그저 '5-4-3-2-1' 숫자를 거꾸로 세는 것만으로 침대에서 스스로를 일으켜 세울 용기가 생겼고, 5초의 법칙을 이용해 마침내 아침을 지배하고 인생을 변화시키는 힘을 발견했다."

그리고 그것은 비단 아침에 일어나는 용기만이 아니었다. 일상에서 수도 없이 겪게 되는 불안과 작은 결정 속에서 어떻게 할 때 우리가 불안에서 탈출할 수 있는지, 새로운 동기 부여를 통해 용기를 내고 실행에 몰입할 수 있는지 방법과 함께 과학적인 근거를 제시했다.

"당신의 삶을 변화시키기 위해 지금 해야 할 것은 일상에서, 용기 있게, 스스로를 행동으로 밀어붙이는 것이다."

그녀는 이러한 공식 TED 강연에서 단번에 1,000만 명의 마음을 사로잡은 동기 부여 전문가로 발돋움했다. 이 강연에서 그녀는 처음으로 '5초의 법칙'을 소개했으며, 이후 수많은 사람들의 일상을 변화시켰다.

---

* 멜 로빈스. (2020). 『5초의 법칙: 당신을 시작하게 만드는 빠른 결정의 힘』. 정미화 옮김. 한빛비즈. 저자 서문, 4-6쪽.

성공한 사람들은 첫 출발을 쉽게 한다. 자동차 시동을 걸 때는 엄청난 초기 에너지가 필요하듯이, 우리 마음도 처음 시작할 때 엄청난 에너지를 필요로 한다.* 특히 어렵고 불확실한 일, 두렵고 새로운 일에 도전할 때에는 더 큰 에너지를 필요로 한다. 따라서 성공하기가 그만큼 어려운데 성공한 사람들은 이것을 잘하는 것이다.

5초의 법칙을 우리 삶에 적용하게 되면 순간적으로 전두엽 피질을 일깨워 시작하는 초기의 저항감을 극복하게 해 준다. 그리고 우리 뇌의 신경조직들이 연결되기 때문에 긍정적 행동 패턴이 새로운 습관으로 자리잡게 해준다.

성공하려면 어렵고 불확실하거나 두려운 것들을 해야 한다. 때론 직면해야 하고, 실행에 돌입해야 하는 것이다. 멜 로빈스는

---

* 성공한 사람들은 촉발 에너지activation energy의 달인들이다. 촉발 에너지는 시카고대학의 긍정심리학자, 칙센트 미하이Mihaly Csikszentmihalyi에 의해서 창안된 개념이다. 우리가 부정적 습관을 타파하기 어려운 이유는 촉발 에너지 때문이라고 한다. 이 용어는 화학 이론에서 빌려온 것이다.

다음과 같이 말한다.

"일상은 두렵고 불확실하고 어려운 순간들로 가득하고, 그런 순간 대담하게 맞서 인생에서 기회를 얻고 즐거움을 누리려면 엄청난 용기가 필요하다. 5초의 법칙을 통해 얻는 것이 바로 용기다."[*]

성공한 사람들은 과감하게 실행한다. 우리가 부정적 습관을 타파하고 긍정적 습관으로 교체하기 위해서는 강한 명령어가 필요하다. 그것이 "START LIVING! 지금 바로 실행하라!"이다. 말하자면, 부정적 습관에서 긍정적 신호로 전환시켜 주는 강한 명령어인 것이다.

이것은 부정적인 고리를 끊어내고 밝은 영역을 촉발시키는 자기와의 약속이다. 그 약속은 더 이상 머뭇거리지 말고 "지금 시작하라!"는 명령이다. 그것이 "START LIVING!"이다. 그것은 지금 바로 너의 삶 속으로 들어가라는 명령이기도 하다.[**]

---

[*] 멜 로빈스. (2020). 『5초의 법칙: 당신을 시작하게 만드는 빠른 결정의 힘』. 정미화 옮김. 한빛비즈. 85쪽

[**] 〈START LIVING! 하는 법〉 하루의 일상생활 속에서 수시로 할 수 있다. 우리의 생각이

예를 들어, 5, 4, 3, 2, 1을 역산으로 암기하면 부정적 습관의 연결 고리를 효과적으로 차단하게 된다. 특히 1을 외칠 때 전두엽 피질은 'START LIVING'의 명령어가 걸리도록 자기 암시를 해 두는 것이다. 또 다른 예로는, "한다. 해야 한다. 할 수 있다!" 역시 마찬가지이다. 이러한 주문 역시 전두엽 피질에 강한 초기 명령어로 작동한다. 5초의 법칙을 진행하면 부정에서 긍정으로, 기저 핵에서 전두엽 피질로 바로 옮겨가는 명령을 상기시키는 것이다. 20번도 좋고, 40번도 좋다. 계속하다 보면 자동적으로 된다.

'현존 현재의 고요한 상태'를 벗어나 '부정적인 생각'으로 표류할 때, 과거나 미래의 걱정거리나 자기 회의감에 사로잡힐 때, 우리는 이를 빨리 알아차려야 한다. 이때 강한 실행 action이 필요하다. 강한 명령어 START LIVING!를 통해 바로 실행에 돌입해야 한다.

· 감성을 키우기 위한 나만의 방법을 계발하자. 감동을 주는 책, 영화, 연극 등을 통해 자신의 마음을 감성으로 적셔 보자. 자신의 내면을 아름답게 가꾸는 연습을 하자.

· 휴식 시간을 활용하여 자연으로 나가 보자. 산과 들, 강과 바다에서 자신만의 시간을 가져 보라. 때론 여행을 통해 자신을 돌아보는 시간을 갖자. '익숙한 것과의 결별'을 통해 우리의 평범한 일상을 새로운 시각에서 바라볼 수 있다.

· 자신의 내면에 존재하는 빛나는 감성을 발견하라. 버스, 지하철 등 이동하는 시간, 약속과 약속 사이의 빈 시간 등 자투리 시간을 활용해서 하루 10분 자신을 되돌아보는 시간을 갖자. 자신의 내면을 아름답게 가꾸는 것이 중요하다. 고요한 마음으로 자신을 돌아보며, 자신만의 귀중한 내면적 가치를 발견해 보자.

· 클래식 음악이나 재즈 음악, 아름다운 그림, 꽃과 나무가 있는 숲속, 낯선 곳에서의 아침, 익숙한 것과의 결별 등을 통해 머릿속에 있는 복잡한 생각들을 잠시 비우자. 본연의 나로 돌아가 보자. 내면에서 직관과 창의성의 에너지가 샘솟게 하라!

실전 TIP: 9가지 성공 포인트

1. 비난이나 비판, 불평하지 않기
2. 진지하고 솔직하게 칭찬과 감사를 하기
3. 다른 사람들의 열렬한 욕구를 불러일으키기
4. 다른 사람들에게 순수한 관심을 기울이기
5. 미소 짓기
6. 이름을 잘 기억하자. 당사자들에게는 이름이 그 어떤 것보다도 기분 좋고 중요한 말이다
7. 경청하기. 다른 사람들이 자신에 대해 말하도록 고무시키기
8. 상대방의 관심사에 대해 이야기하기
9. 상대방으로 하여금 중요하다는 느낌이 들게 하기*

---

* Carnegie, Dale. (2001). 『The Dale Carnegie Course: Effective Communication and Human Relation』. Nightingale-Conant Corporation.

5장

도전

인생의 목표를 성취함에 있어서 필요한 것은 창조적 도전 의식이다. 청년에
게 도전은 특권이다. 과감한 도전에서 자신감이 형성되는 것이다. 도전해서
실패해 보기도 하고 다시 도전하는 과정에서 자신감이 생기는 것이다. 창의
성은 그냥 생기는 것이 아니다. 다양한 도전과 노력 속에서 생긴다.

✏ 창조적 도전 의식

가장 넘기 힘든 장애물은 나 자신일 것이다. 그렇지 않은가? 보통 높은 장벽이나 걸림돌을 만났을 때, 혹은 하기 싫은 일이나 귀찮은 일을 만났을 때 온갖 핑계를 다 동원하며 회피하게 된다.

하지만 성공한 사람들은 다르다. 과감한 도전을 통해 앞으로 나아가며, 하기 싫지만 해야 한다면 먼저 하고 본다. 작게는 운동에서부터 크게는 미래 도전에 이르기까지 핑계를 대기보다는 우선 시작하고 본다. 가령, 날씨 핑계를 대면서 침대에서 미적거리지 않고 일단 밖으로 뛰쳐나가고 보는 것이다.

한편, 자기 자신을 엄격하게 대한다. 다른 사람에게는 한없이 부드럽지만, 자신의 실수에 대해서는 냉정하게 돌아본다.

대인춘풍(對人春風), 지기추상(知己秋霜):
다른 사람을 대할 때에는 봄바람처럼 부드럽게 친절하고, 자신을 대할 때는 가을 서리처럼 엄격하라!

누구나 실패를 경험한다. 실패라는 뼈아픈 체험이 다가왔을 때, 어떤 이는 쉽게 좌절하고 만다. 도전의 의지가 꺾이는 순간 절망밖에 남지 않는다. 하지만 포기하지 않고 새롭게 도전하는 순간 그 절망은 희망으로 바뀐다. 새로운 미래를 향해 도전하는 그 순간, 거짓말처럼 희망의 햇살이 비치는 경험을 할 수도 있다. 무언가 잘될 것 같고, 과거와는 뭔가가 다른 그 어떤 실마리가 떠오를 때, 그건 새로운 희망과 용기를 주는 계시처럼 다가오기도 한다.

인생의 목표를 성취함에 있어서 필요한 것은 창조적 도전 의식이다. 청년에게 도전은 특권이다. 과감한 도전에서 자신감이 형성되는 것이다. 도전해서 실패해 보기도 하고 다시 도전하는 과정에서 자신감이 생기는 것이다. 창의성은 그냥 생기는 것이 아니다. 다양한 도전과 노력 속에서 생긴다.

대학 시절에는 기회가 닿는다면 배낭여행도 가고 해외로 나가 보라! 많은 사람도 만나 보고 견문을 넓혀 보라. 책으로 배우는 지식보다 실제의 체험 속에서 더 많은 것을 배울 수 있다. 지금은 글로벌 시대이니 만큼 해외로 시야를 넓혀 국제적 감각과 마인드를 키워야 한다. 도전하고 시야를 넓힌 만큼 보는 안목도 달라질 것이다.

✏️ 마음을 여는 경청

한편으로는 도전하고 다른 한편으로는 경청하라. 도전과 함께 강조하고 싶은 덕목은 경청이다. 경청은 남의 말을 주의를 기울여 열심히 듣는 것을 말한다. 고객의 말, 친구의 말, 자녀의 말 등 모두 잘 듣는 것을 의미한다. 이런 경청은 단순히 '매너가 좋다'는 차원의 문제가 아니다. 진정성 있는 관계를 형성하고 유지할 수 있게 해준다. 이는 타인에게 믿음과 신뢰감을 줌으로써 마음을 열게 해 준다.

우리는 주변에서 다양하고 많은 사람을 접하게 된다. 많은 사람들을 만나면서 때로는 속고 상처를 받기도 한다. 이런 상황 속에서 우리는 어느덧 사회에서 진정성과 진심 어린 대화를 잊어버리게 된다.

대학에 있다 보면, 매년 행정 고시 2차 합격생들을 대상으로 3차 모의 면접을 준비하게 된다. 이때 몇몇 학생들은 3차 면접에서 떨어지겠다는 느낌이 오는 경우가 있다. 왠지 동료들과 잘 어울리지 않는다든지, 내성적인 태도로 부끄러움을 너무 많이 탄다든지, 소극적인 태도로 너무 자기방어적인 자세만 취하는 경우이

다. 혹은 집단 토의에서 사기의 주장만 계속 고집하는 태도 등이
다. 이런 태도로는 공직자가 되어도 곤란할 것이다. 진심 어린 소
통의 중요성을 알 수 있게 하는 대목이다.

강한 휴먼 네트워크는 성공의 필수적 요소이다. "멀리 가려면 함께 가라."라는 말처럼, 인생의 큰 꿈을 성취하기 위해서는 동료들과 함께 가야 한다. 인생의 꿈과 소망을 성취함에 있어서 꼭 필요한 것은 소통과 네트워크이다.

대학에서 신임 교수 채용 면접에 참여해 보면 젊은 신진 박사임에도 불구하고 이미 세계적인 논문을 게재하는 학자들을 종종 만난다. 이들이 쓰는 논문을 HCP Highly Cited Paper라고 하고, 이러한 학자들을 HCR Highly Cited Researcher이라고 한다. 학술적으로 피인용 지수가 매우 높은 학자라는 뜻이다. 한편, 학술 영향 지수가 매우 높은 세계 최고의 저널, 예를 들어 이공계 같으면 《셀 Cell》, 《네이처 Nature》, 《사이언스 Science》와 같은 세계적인 학술지에 게재하는 신진 학자들도 만날 수 있다. 이들의 성공 요인은 무엇일까?

이들의 성공 요인은 물론 자기 전공 분야의 실력과 전문성도 있지만, 세계적인 데이터를 구축하고, 그 분야의 초일류 학자들과의 네트워크 속에서 자신만의 이론과 방법론을 발전시켜 나

갔기 때문이다. 글로벌한 데이터에 접속할 수 있는 능력, 그리고 세계적인 학자들과 네트워크를 구축하는 것도 그 사람의 역량이며 실력이다.

한편, 내가 몸담고 있는 성균관대학교 국제화 프로그램을 보자. 국정전문대학원에는 매년 해외에서 20여 명의 학생들이 들어와 공부를 한다. 아프리카, 라틴 아메리카, 유럽, 아시아 등 다양한 국가에서 오는 중견 관료 엘리트들이다. 이들 중 특히 남미나 아프리카에서 온 학생들의 소통 기술이 뛰어남을 발견하게 된다. 수업에서 동료의 발언을 경청하는 한편 적극적으로 자신의 요점을 정확하게 표현한다. 이러한 소통과 네트워크 능력은 이들이 향후 국제 사회에서 더 큰 인물로 성장하는 데 큰 도움이 될 것이다.

그렇다면, 소통과 커뮤니케이션, 도전 등의 덕목을 키우기 위해서는 무엇을 해야 할까?

여기에서는 성균관대학교의 특수한 사례이긴 하지만 도전학기제를 소개함으로써 시사점을 얻어 볼까 한다. 미국과 유럽에서는 일찍이 시행하고 있는 제도이기도 하고, 국내에서도 최근에는 육군사관학교 등 점점 더 많은 대학들이 도입하고 있는 추세이기도 하다.

대학생은 꿈을 꾸는 시기이다. 나의 꿈과 소망은 무엇인가? 지도 교수나 멘토를 만나 대화하고, 기업이나 지자체 인턴십을 통해 문제 해결을 경험하고, 세상을 보며 그 꿈을 키워 나갈 필요가 있다. 세상은 변하고 있고, 그 변화 속에 내가 가야 할 길도 있을 것이다.

사실 세상이 급변하면서 대학에서의 교육도 바뀌고 있다. 과거에는 암기 지식 혹은 교실에서의 지식 전수가 전부였다면 최근에는 PBL(프로젝트에 기초한 학습, Project-based Learning, Problem-based Learning)이 강조되고 현장 체험에서 배우는 공부가 강조되고 있다. 일방적인 가르침teaching이 아니라 공감, 체험, 학습learning이 강조되고 있는 것이다.

4차 산업 혁명이 무르익고, 산업에 인공 지능 등 신기술들이 적용되면서 이런 추세는 더욱 가속화되고 있다. 세상은 무서운 속도로 변하고 있기 때문에 그러한 속도의 세상을 경영하는 기술도 바뀌어야 한다. 특히 미래의 주역이 될 청소년들은 현장 학습과 인턴십이 필요하다. 기업이나 지자체에서 필요로 하는 문제 해결형 학습이나 체험을 통해 사회 문제를 해결하는 리더의 자질을 키워나가야 한다.

성균관대학교 신동렬 총장은 이런 점을 일찍이 강조하고 있다. 2019년부터 성균관대에 도전학기제를 도입하면서 학생 성공과 미래 가치를 전파하고 있다. 그는 말한다. 여름 방학의 도전학기제를 이용해서 꿈과 진로를 구체화해 보라. 학생 성공이라는 구체적인 꿈을 실현하기 위해 기업의 문제를 학생 스스로 파악하고 대안을 제시하는 '문제 해결형 인턴십'과 직접 지역에 머무르며 관찰, 경험, 분석 등을 통해 지역 사회의 대안을 제시하는 '지역 사회 프로젝트 인턴십' 등을 한번 활용해 보라는 것이다.

국제 교류의 길도 열려 있다. 경제, 경영, AI, 데이터 등 다양한 분야의 교과목을 활용하고, 더 나아가 세계 최대 MOOC 플랫폼인 코세라Coursera를 활용하면 해외 명문 대학의 유명 강의를 무료로 수강하게 해 준다. 이를 통해 글로벌 마인드를 함양할 수 있고, 현장 체험 및 문제 해결형 학습을 더욱 강화해 나갈 수 있다.

여름 방학은 '시작 전에는 그립고 막상 그 기간에는 지겨우며, 끝나면 아쉬운 시기'라고 한다. 이러한 여름 방학을 공백의 시간으로 방치할 게 아니라 적극적으로 활용해서 '자기 계발과 발전을 위한 투자의 시기'로 활용해 보는 것이다. 점차 자신감은 늘어나고, 성공은 한걸음 더 가까워질 것이다.

도전과 창의력을 키우는 법

과거에는 기억력이나 지식이 많은 사람을 천재라고 했지만, 요즈음은 통찰력이나 창조력이 뛰어난 사람을 천재라고 한다. 창조력이 있는 사람은 영감이나 상상력이 뛰어나다. 이들은 사물이나 문제를 보는 시각이 남다르다. 그렇다면 이러한 창의력은 어떻게 향상시킬 수 있는 것일까?

1. 내면의 고요와 지혜

내면의 고요함이 필요하다. 고요함에서 지혜가 나온다. 번다한 일상에서 벗어나 하루 일정 시간 자신만의 고요함을 찾아보자. 자신의 삶을 가급적 단순화하고 우선순위를 정하자! 그리고 고요한 자기만의 환경을 만들고 몰입할 수 있도록 하자.

2. 삶을 전체적으로 통찰하라

자신의 삶 전체를 한번 통찰해 보자. 지금 내게 무슨 일이 일어나고 있는가? 지금 내게 진정 중요한 일은 무엇인가? 내가 처리해야 할 일의 우선순위는 무엇인가?

삶에 대한 진정한 통찰과 도전을 위해 주목해야 할 사항은 다음과 같다.

❶ 고정관념을 없애고 마음을 비운다. 마음을 청소하지 않고는 사물을 새롭게 바라볼 수 없다.

❷ 영감이나 아이디어가 떠오를 때마다 바로 종이에 적는 습관을 기른다. 그렇게 하지 않으면 귀한 영감이나 반짝이는 아이디어가 사라지고 만다.

❸ 끊임없이 새로운 것을 배우고 도전한다. 독서 및 예술 분야를 통해 영감이나 힌트를 얻는다.

❹ 여행이나 견학을 통해 다양한 경험과 도전을 한다. 새로운 문물을 접하며 도전 의식을 기른다.

12가지 성공 포인트

1. 부드럽고 따뜻한 분위기를 유지하기
2. 모든 사람에게 열린 마음으로 대할 수 있는 융통성을 발휘하기
3. 상대방의 이야기에 귀기울이고, 그의 관심사를 파악하기
4. 상대방을 대할 때 예의와 공손을 다하기
5. 진솔하고 진실한 모습을 통해 신뢰 쌓기
6. 신용과 호의를 얻되, 절대로 적을 만들지 않기
7. 상대방의 입장을 생각하는 습관을 기르기
8. 마음에서 우러나오는 칭찬과 격려를 아끼지 않기
9. 유머 감각을 길러서, 위기와 갈등을 완화시키기
10. 자신이 대접받고 싶은 만큼 먼저 상대방을 대접하기
11. 살아가는 데 가장 소중한 일은 '사람을 사랑하는 일'이라는 것을 기억하기
12. 상대를 진정으로 축복하는 마음가짐을 유지하기

---

* 다니엘 박. (2004). 『성공의 8단계』(아름다운 사회)에서 인용.

6장

미래와 우리나라

하지만, 지금의 투자의 시기이다. 여러분의 미래를 위해 준비하는 시기이며
배우는 시기이다. 나는 어떤 일을 향해 열망을 불태울 것인가, 내가 잘하는
일은 무엇인가에 대한 판단을 기초로 실력을 비축하라! 가슴 뛰는 목표와
열정이 없다면 눈부신 미래는 오지 않을 것이다.

✏️ 미래는 꿈꾸는 젊은이의 시대

세계적인 석학들은 21세기는 감성의 시대가 될 것이라 예측한다. 지금까지 강조했듯이, 우리 젊은이들은 도전하고 경청하는 한편 문제 해결형 지식과 체험을 구축하면서 미래형 리더로 거듭날 필요가 있다. 자신의 분야를 찾아 가슴 뛰는 목표를 설정하고 하나하나 도전해 나가 보자. 그 과정에서 자신감이 늘어날 것이다.

이러한 감성의 시대의 주역은 꿈꾸는 젊은이들이다. 점점 더 크게 꿈을 꾸라! 우리가 우리의 가슴 안에서 더 큰 꿈들이 뜨거운 열망으로 고동칠 때, 그들은 멋지게 실현될 것이다.

"나와 동행하겠는가?"

행정학과 미래학 분야의 세계적인 석학, 예헤츠켈 드로어 Yehezkel Dror 교수가 한 말이다. "나와 동행하겠는가?" 이 노학자는 마치 자신의 생을 마무리하는 듯한 간절한 심정으로 다음과 같이 소회를 밝히고 있다. 그의 명저 『인류지도자를 위한 비망록』에서 젊은이들은 미래를 책임지는 절박한 마음으로 역량을 키워나가야 한다고 호소하고 있는 것이다.

21세기는 누구에게는 그렇게 즐겁지 않을 듯하다. 그러나 나는 22세기 혹은 그 이후의 시대가 더욱 공정해 질 것이라는 일말의 희망을 간직하고 있다. 유전 공학, 인공 지능 및 나노 기술은 우리 지구에 있는 생명체를 변형시킬 것이며, 달과 화성 및 우리 태양계의 행성계에(그리고 우리 태양계를 넘어서) 생명체가 살 수 있도록 만들 것이다.

나는 21세기를 회피하고, 좀더 먼 미래로 건너뛰어 바로 가고자 한다.

실존적 선택으로서, 여러분의 진리로서, 이 세상에서 여러분의 위치로서, 여러분이 인류지도자가 되는 것을 받아들인다면, 그리고 미래

＊　예헤츠켈 드로어. (2019). 『인류지도자를 위한 비망록』 박영사. 174-176쪽.

의 청년들이 어떠한 외부의 보상도 없이 프로메테우스적 사명'인 인류지도자의 역할을 완수하기 위해 노력하고 땀을 흘리며 어떠한 희생도 마다하지 않겠다고 한다면, 나는 나의 존경심을 다하여 이 책을 여러분에게 바치겠나이다.

* 프로메테우스는 그리스 신화에 나오는 티탄족 신의 한 명이다. 올림포스 12신의 주신인 제우스의 명을 받아 인간을 탄생시키고, 인간들에게 신들만 사용할 수 있었던 불을 훔쳐서 전해 준다. 결국 제우스의 격노를 사서 가혹한 처벌을 받게 된다.

우리의 의식은 본래 크고 무한대이다. 우리의 의식을 우주만큼 크고 유연하게 확장시켜 보자. 크고 유연한 생각에서 창조적인 지혜가 나온다. 우리의 마음이 크고 유연하게 되려면 마음속의 걸림돌들이 사라져야 한다.

우리 마음이 진정으로 편안함을 느낄 때, 그때 비로소 우리의 정신 작용은 창조적으로 움직이기 시작한다. 마음이 아주 자유로운 상태, 아무것에도 걸림이 없는 상태에서 우리의 의식은 우주처럼 크고 유연하게 확장이 되는 것이다. 그것이 앞에서 말한 심층마음이고 고요함이고 텅비어 깨어 있는 의식이다. 그럴 때 우리는 우리의 진정한 소명을 느낀다. 내게 왜 태어났는지, 내가 해야 할 일은 무엇인지를 새삼 깨닫게 된다. 창조적 사고를 위해 스스로에게 한번 물어보자.

나는 인생이라는 배움의 장소, 지구라는 별에서, 올바른 여행자가 되기 위해 지금 어떤 노력을 하고 있는가?

바른 독서 습관을 유지하고 삶의 현장에서 공부하자. 그리고 꾸준히 실행하자! 그러면 어느덧 그대는 성공한 사람처럼 생각하고, 판단하고, 실행하는 자신을 발견하게 될 것이다. 문제 해결 능력은 배가되어 있을 것이고 내면은 자신감으로 무장될 것이다.

미래를 향해서 정진하자! 뒤를 돌아보지 말고 앞을 보자. 인내하면 못할 일이 없다. 용기를 갖고 인내한다면 교육 수준이나 배경, 돈, 명예와 관계없이 반드시 성공할 수 있을 것이다.

마음이 먼저다. 물질은 외부적 조건이지만 마음과 각오에서 출발한다. 강한 도전 의식과 용기가 있다면 두려워할 일이 없는 것이다. 마음과 의지란 이미 존재하는 세상과 아직 존재하지 않는 세계 사이를 연결하는 고리이다. 그렇기 때문에 마음속에서 이루어진 일은 현실에서 이루어지게 되어 있다.

젊은 리더들이 내면의 확신에 이를 수 있도록 도와주는 창조적 제언은 다음과 같다.

1. 강한 확신

먼저 강한 확신이 필요하다. 우리는 깊고 강한 믿음을 확신이라고 부른다. 긍정적이고 강한 믿음이 심층마음에 각인된 사람은 무슨 일이든 성공한다. 이러한 믿음과 확신이 인생의 성공을 가져오는 것이다.

2. 뇌간의 망상피질활성계

우리 뇌간Brain Stem에는 망상 활성계RAS, Reticular Activating System라고 불리는 신경다발이 있다. 그것은 기본적으로 외부로부터 들어오는 무수한 정보를 여과시키는 장치인데, 그대의 염원이 그곳에 정확히 각인되면 목표는 달성되고야 만다. 과학의 법칙에 따르면, 21일간 염원이 지속된다면 그곳에 각인되며 새로운 습관으로 자리잡을 수 있다. 또한 첨단 미사일의 열 추적 장치처럼 한번 각인된 목표는 기필코 달성되고야 만다.

3. 긍정적이고 즐거운 마음

창의성의 원천은 긍정적이고 즐거운 마음이다. 그대의 잠재의식이
고민과 스트레스로 가득 차 있는 동안에 창의성이 발현될리 없다.
따라서 이 순간 그대가 그대 자신에게 물어야 할 질문은 1) 그대는
긍정적인가?, 2) 지금 기쁜가? 3) 지금 몰입하고 있는가? 이다.

4. 차단과 몰입

성공한 사람들의 마음과 태도는 차단과 몰입Block+Deep에 능숙하
다. 외부의 스트레스로 가득찬 잡음이나 신호들을 차단하고 최대
한 몰입과 집중 상태에 돌입한다. 그것은 사실 하버드 대학생들
의 성공 법칙이기도 하다. 마음을 분주하고 시끄러운 잡념으로부
터 최대한 해방시키자. 고요한 곳에 머물고 고도의 집중과 몰입
상태로 들어가자. 어떤 분야이든 성공한 사람들은 자신의 분야에
서 최고의 집중과 몰입 상태를 이룩한 사람들이다.

5. 어떻게 탁월함에 도달할 수 있을까?

성공과 탁월함에 도달하는 과정은 매우 동태적 연결고리를 가지

고 있다_{Quinn, 1996}. 그것은 강한 염원, 비전, 실험, 통찰력, 확신, 시너지, 통달이라는 과정을 통해 이루어진다.

이것은 실패에 대한 두려움, 망상, 공포, 슬럼프, 탈진 등과 같은 부정적 기운에서 탈피할 때 가능해진다. 긍정적 확신으로 도전하며 도전을 통해 학습하자.

우리의 성공은, 아래 그림처럼 시도 단계, 불확실 단계, 변혁 단계를 거쳐 안정적 단계로 진입한다. 강한 염원과 비전을 가지고 새로운 시도와 실험을 추진하라! 그것을 통해 통찰력과 자기 확신이 생긴다. 지속적인 노력은 시너지와 숙달됨을 가져다주며, 마침내 탁월함이라는 대가의 경지에 이르게 해 준다.

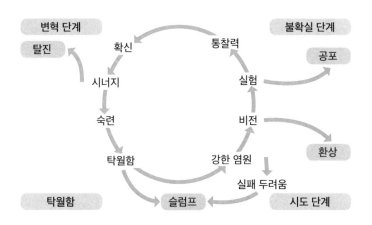

〈그림 3〉 탁월함에 도달하는 동태적 경로를 활용하라.

미래지향적 리더십 함양: 자기 계발 체크리스트

미래지향적 리더십 함양은 냉철한 자기 진단에서 시작된다. 여러분의 평소 태도를 진단해 보면 좀더 긍정적이고 효율적으로 변화해 나갈 계획을 수립할 수 있을 것이다. 다음의 질문 내용에 대해 가능한 솔직하게 답해 보자.

제1단계: 점검 단계
아래의 내용에서 여러분의 현재 상태를 가장 가깝게 기술하고 있는 곳에 체크를 한다.

0점	1점	2점	3점	4점
전혀 그렇지 않다	거의 그렇지 않다	약간 그렇다	많이 그렇다	아주 그렇다

[체크사항]　　　　　　　　　　0　1　2　3　4

비전과 미션

1. 당신은 가슴 터질 것 같은 꿈을 가지고 있는가?
2. 당신은 꿈의 실현을 가슴 깊이 바라고 소망하고 있는가?
3. 당신의 꿈은 당신의 분야에서 최고를 지향하고 있는가?
4. 당신의 꿈은 이웃이나 공동체에 얼마나 도움이 되는 것인가?
5. 당신의 동료들은 당신을 얼마나 꿈이 큰 사람이라고 생각하는가?

점수

열정과 노력

6. 당신은 꿈을 실현하기 위해 얼마나 뜨거운 열정을 가지고 있는가?

7. 당신은 꿈을 실현하기 위해 얼마나 노력하고 있는가?

8. 당신은 꿈을 포기하지 않고 지속할 수 있는 집념을 얼마나 가지고 있는가?

9. 당신은 꿈과 성공을 위한 계획을 얼마나 성실하게 실행하고 있는가?

10. 당신의 동료들은 당신을 얼마나 열정적인 사람이라고 생각하는가?

점수

긍정적 태도

11. 당신은 일상에서 불평을 얼마나 많이 하는가?

12. 당신은 자신과 관련된 문제가 발생했을 때, '잘될 거야'와 같은 긍정적인 생각을 얼마나 하는가?

13. 당신은 일을 추진함에 있어 얼마나 긍정적인 결과를 상상하는가?

14. 당신은 평상시 긍정의 단어를 얼마나 많이 생각하는가?

15. 당신의 동료들은 당신을 얼마나 긍정적인 사람으로 생각하는가?

점수

소통과 관계

16. 당신은 상대방을 대할 때 얼마나 진심 어린 자세로 대화를 진행하는가?

17. 당신은 당신과 관련된 사람에게 먼저 베풀려고 노력하는가?

18. 당신은 타인의 얘기를 먼저 들으려고 노력하는가? 아니면 당신의 얘기를 주로 먼저하는 편인가?

19. 당신은 효과적인 의사 전달을 위해 얼마나 노력하는가?

[체크사항]　　　　　　　　　　　　　　　 0　1　2　3　4

20. 당신의 동료들이 힘들 때 당신에게 얼마나 도움을 요청하는가?

점수

21. 당신은 주어진 목표를 향해 얼마나 과감하게 도전하고 있는가?

22. 당신은 자신이 현재 하고 있는 일이 얼마나 재미있는가?

23. 당신은 주어진 목표에 얼마나 몰입하는가?

24. 당신은 일을 추진함에 있어 얼마나 자주 기발한 발상이나 아이디어를 내는가?

25. 당신의 동료들은 당신을 얼마나 창의적인 사람으로 생각하는가?

점수

감성과 영성

26. 당신은 당신 주변 상황에 얼마나 열린 태도를 가지고 있는가?

27. 당신은 당신 주변의 작은 것에서도 얼마나 감사한 마음을 가지고 있는가?

28. 당신은 영화나 드라마를 보면서 얼마나 자주 감동받는가?

29. 당신은 얼마나 자주 기도 혹은 명상을 하고 있는가?

30. 당신의 동료들은 당신을 얼마나 내면이 아름다운 사람으로 생각하는가?

점수

총점

제2단계: 평가 단계

1) 부문별 평가

D(5점 이하)	C(6-10점)	B(11-15점)	A(16점 이상)
매우 미흡	좀더 분발	우수(노력 필요)	아주 우수

2) 종합 평가

D(60점 이하)	C(61-80점)	B(81-100점)	A(101점 이상)
매우 미흡	좀더 분발	우수(노력 필요)	아주 우수

전체 점수를 더한다. 총합 점수는 아래 범주 중 어디에 해당하는가?

A: 101점 이상
B: 81~100점
C: 61~80점
D: 60점 이하

3) 평가에 대한 판단

그대의 점수가 A 범주에 속한다면 매우 가슴 뛰는 꿈과 비전을 가지고 있으며, 이를 달성할 수 있는 마음과 태도, 관계 및 기술 등을 모두 갖추고 있는 것으로 판단된다. 만약 그대의 점수가 B 범주에 속한다면 우수한 상황에 속하나 지속적인 노력이 필요하며, C 범주 이하에 속한다면 목표에 대한 점검, 노력에 대한 점검, 태도에 대한 점검 등 현재 상태를 변화시킬 방법을 찾아야 한다. 여러분의 목표나 열정은 여러분의 미래 지향적 성공 가능성에 핵심적인 요소로 작용하기 때문이다.

10가지 성공 포인트

1. 가슴 터질 것 같은 열망을 품자!
2. 진정한 목표를 이루겠다고 결심했다면 그 결과를 마음속에서 간절히 믿자!
3. 내가 진정으로 원하는 간절한 열망을 마음속에서 진심으로 믿기!
4. 마음속에 품은 성공과 비전의 계획은 아무에게나 함부로 털어 놓지 않는다.
5. 큰 것이든 작은 것이든, 성공과 비전을 위해 필요한 모든 일을 실천에 옮기자!
6. 바라는 결과가 즉시 나타나지 않는다고 해서 불안해하거나 당황하지 않는다.
7. 다른 사람들이 말하고 생각하는 것에 신경 쓰지 말고 조용히 마음속으로 성공과 비전이 이루어지는 것을 신뢰하고 실천하자!
8. 올바른 독서와 공부 습관을 유지하고 실천하는 한 실패란 있을 수 없으며, 그 어떤 것도 당신에게서 성공과 비전을 빼앗아 가지 못한다.
9. 진정한 성공과 비전을 열망하고 계획함으로써, 그 꿈은 이미 마음속에서 실현되었다는 것을 명심하자!
10. 낮은 의식 상태를 높고 자신감 넘치는 의식 상태로 전환하자!

✏️ 우리의 미래와 리더

인류는 현재 심각한 도전에 직면해 있다. 코로나19 팬데믹과 같은 신종과 변종 바이러스의 등장으로 인류는 고통 받고 있다. 문명과 이념의 충돌에 따른 핵 대전의 위기가 있는가 하면, 기후 변화로 인해 이상 기온과 재난 재해가 그치질 않는다. 인공지능의 등장에 따른 대량실업도 위기이지만, 사회적 혼란으로 인해 폭력적 갈등의 조짐도 있다. 이처럼 급격한 과학기술의 발달은 긍정적 측면도 있지만 위협적 요소도 있다. 한편 우리나라는 또 어떤가?

저출산과 인구 절벽, 저성장과 청년 실업, 고령화와 산업구조 조정 문제 등 다양한 문제들이 산적해 있다. 위기의 시대이고 격변의 시대이다. 하지만 다른 한편으로는 새로운 가능성과 기회의 시대이기도 하다.

미래의 주역이 될 대한민국의 젊은이들은 이러한 맥락의 위기 상황을 냉철하게 진단하고 문제 해결 능력을 키워나가야 한다. 자기 전공 분야의 역량을 키워나가면서 전문인으로서의 능력을 축적하는 한편, 글로벌한 전체적 안목을 길러 대한민국의 미래를 보다 더 크게, 더 밝게 만들어나가야 한다.

대한민국은 젊은 리더를 원하고 있다. 저출산과 인구 절벽, 저성장과 청년 실업 등 산적한 국가 난제를 헤치고, 인공 지능과 4차 산업 혁명에 부응하는 새로운 국가 성장 동력을 보여줄 자신감 있고 미래 지향적인 리더를 기다리고 있다.

코로나19 팬데믹이라는 전대미문의 고통 속에서 현장을 충분히 알되 현실과 타협하지 않고, 공정을 부르짖되 결코 퇴보하지 않는 젊고 건강한 리더십을 요구하고 있다. 과거의 패러다임에 의존하기엔 사회가 너무나도 복잡해졌고, 현실에 안주하기엔 가야할 길이 너무 멀다.

젊음이 꼭 나이를 의미할 필요는 없을 것이다. 그리고 변화와 혁신의 물결은 비단 정치 영역뿐만이 아니라, 경제, 문화, 학술 등 사회 전반에 걸쳐서 요청되고 있다. 대한민국의 미래를 짊어질 젊은 리더가 함양해야 할 자질은 다음과 같다.

1. 강한 자신감

미래의 리더는 힘차고 당당하며 자신감 있게 살아가는 사람이다. 자기 자신의 커다란 소명을 인지하고 주어진 환경을 활용하면서 앞으로 나아간다.

운명은 믿음에 의해 갈린다. 긍정적 느낌과 신념을 토대로 좋은 습관을 형성해야 한다. 습관은 꾸준함, 자리잡음, 자신감, 확신이라는 과정을 거쳐서 내 것이 된다.

2. 탁월한 전문성

미래의 리더는 자기 분야에서 매우 탁월한 전문성을 가진 사람이다. 매우 강력하고 탄탄한 이론과 함께 실험 데이터를 실행하여 새로운 발견을 해 나가는 사람들이다. 글로벌한 전문가들과 교류하며 자신의 실력을 업데이트해 나간다. 이는 비단 학술 영역뿐만 아니라, 정치나 비즈니스 영역에서도 글로벌 마인드로 깨어 있으면서 세계적 흐름을 선도해 나갈 필요가 있다.

3. 뜨거운 사랑

미래의 리더는 뜨거운 열정과 사랑을 지녀야 한다. 작게는 자기 주변을 사랑하고, 크게는 국가, 민족, 인류를 사랑하는 사람이다. 강한 책임감으로 자신의 좁은 욕심보다는 대의를 위해 공익적 가치를 우선하는 뜨거운 가슴의 소유자여야 한다.

4. 참다운 인격

미래의 리더는 자신의 내부에 존재하는 마음의 참다운 본성을 발견해야 한다. 참다운 본성이란 좁은 개체 중심의 사고가 아니라 전체가 하나로 연결되어 있는 열린 사고이며, 일심, 우주심과 같은 보편적 사고이다.

인간의 본질은 세포 → 분자 → 원자 → 핵(양자)과 전자로 되어 있으며, 결국 에너지 파동이라는 결론을 얻게 된다. 인간은 몸이라는 물질 에너지로만 만들어진 존재가 아니라 그 안에는 무한하고 완전한 마음의 본성이 있다.

세계의 많은 석학들이 21세기는 정신 혁명의 세기가 될 것이라고 예측한다. 그 중에서도 많은 문헌들은 우리 민족이 정신 문명의 중심 국가로 우뚝 솟을 것으로 예측한다. 지금보다 훨씬 더 투명한 세상이 올 것이며, 적당히 타협하는 인물은 미래의 리더로 살아남기 힘들 것이다. 강한 에고에 기초한 계산적이고 이기적인 거래적 리더가 아니라, 맑고 투명한 에너지를 토대로 사람들과 협력하고 소통하는 변혁적 리더가 요구되는 시점이다.

대학 4년은 미래를 위한 투자

인생의 황금기라 불리는 20대. 하고 싶은 일들은 너무나도 많을 것이다. 아름다운 연인과 눈부신 사랑도 하고 싶고, 세계 각지의 다양한 문화를 경험하고 싶을 것이다. 또한 다양한 종류의 체험을 통해 인생의 풍부함을 만끽하고 싶을 시기이다.

하지만, 지금의 투자의 시기이다. 여러분의 미래를 위해 준비하는 시기이며 배우는 시기이다. 나는 어떤 일을 향해 열망을 불태울 것인가, 내가 잘하는 일은 무엇인가에 대한 판단을 기초로 실력을 비축하라! 가슴 뛰는 목표와 열정이 없다면 눈부신 미래는 오지 않을 것이다.

우리는 가끔 '지금보다 좋은 가정 환경이었으면 좋았을걸! 내 외모는 왜 이럴까! 좀더 건강했으면' 등등 여러 생각을 하곤 한다. 그리고 이러한 외적인 조건을 핑계로 꿈을 쉽게 포기하기도 한다. 정말 우리의 외부적 조건이 우리의 인생을 결정하는 것일까?

위인이든 평범한 사람이든 모두 각자 자기만의 결함을 지니고 있다. 위대한 성취와 평범함의 유일한 차이는 자신의 결함에 구속되었는가, 아니면 이를 극복하고 앞을 향해 도전하고 전진했는가 여부이다. 자신의 한계에 굴복하지 않고 불굴의 용기와 집념으로 도전하는 자만이 자신의 미래를 성취하는 사람이 되는 것이다.

마지막으로, 대학 4년은 자유다. 가슴 뛰는 시간이며, 훼손될 수 없는 가치이다. 마음껏 꿈꾸고 미래를 위해 투자하자! 도전하고 부딪혀라. 그리고 몸을 아끼지 말고 움직여라.

여러분은 그 시간을 어디에 활용할 것인가? 그리고 내게 가슴 뛰는 목표는 무엇인가?

여러분들은 치열하게 고민해야 한다. 친구도 좋지만 훌륭한 멘토를 만나야 한다. 친구도 좋고 동아리도 좋지만 고만고만한 사람들이 고민하다 보면 보는 시야도 대동소이할 수 있다. 때론 잘못된 견해에 빠질 수도 있다. 보다 긍정적 시각, 혹은 균형 잡힌 시각으로 자신의 인생을 설계해 보자. 그리고 자신만의 소중한 재능을 발견해 보자.

지도 교수를 찾아가 상담해 보라. 고민을 털어놓고, 자신만의 진로나 가슴 설레는 일을 토론해 보자. 기회는 의외로 엉뚱한 곳으로부터 올 수도 있다. 자신의 옛 일기장, 책 한 구절, 영화 한 장면, 혹은 우연히 들은 강의 중에서 자신의 꿈과 열정을 발견할 수도 있다. 자세히 관찰해 보라. 성공한 사람들은 어떻게 살고 있는지? 무엇이 그들을 행복하게 하고, 몰입하게 만드는가? 내게 있어 행복과 몰입이란 무엇인가? 내가 진정 기쁨을 느끼는 일은 무엇인가? 정말 치열하게 고민해야 한다. 그것이 여러분에게 있어 대학이 지니는 의미이다.

대학은 인생에 대해 진지하게 생각하는 시기이다. 단순하게 먹고사는 문제, 기능적 지식을 배우는 데 그치는 것이 아니라 크게 미래를 꿈꾸고 자신의 진정한 소명을 발견하는 곳이다.

난 무엇을 하며 살 것인가? 그리고 한 번밖에 없는 인생, 어떤 사람으로 기억되고 싶은가?

성공 포인트

· 정말 중요한 것은 꿈이 있고, 비전이 있고, 열정이 있는 것이다. 그대의 가슴을 뛰게 만드는 꿈과 열정은 있는가?

· 목표는 자신의 가슴을 터지게 할 것과도 같은 열망을 줄 수 있는 매력적인 목표여야 한다. 그런 목표를 찾아 보자.

· 자신에게 한번 물어 보자. 그대에게 지금 살아 있는 물고기처럼, 자신의 가슴을 팔딱팔딱 요동치게 하는 그런 목표와 열정의 마인드는 무엇인가?

· 가슴을 열고 모든 가능성에 귀를 기울여 보라. 기회는 준비된 자에게만 온다는 사실을 명심하자. 자신의 내면에 숨겨져 있었던 재능이나 열망이 촉발되어 새로운 기회와 가능성을 열어줄 수도 있지 않을까?

에필로그

밤마다 당신의 하루를 돌아보라. 당신의 하루는 진실로 아름다웠는 지를. 그리고 하느님의 뜻에 합당한 것이었는지, 그가 기뻐했을 만 하였는지를.

___ 헤르만 헤세(Hermann Hesse)

톨스토이는 《참회록 인생론》에서 그의 인생의 전환점에 대 해 기록하고 있다. 그는 50에 이르러 어떤 인생의 전환점에 부딪 히게 되는데, "나는 누구인가? 나는 왜 사는가?"라고 하는 절체절 명의 질문과 마주한 그는 사흘 낮과 밤, 한 위치에서 꼼짝 달싹도 못한 채, 물도 한 모금 못 마신 채 고민에 빠지게 되었다.

신이시여, 너무나도 야속하십니다. 그동안 신께서는 저를 지켜만 보

고 계셨던 말입니까? 톨스토이 그 놈 참 대단하구나. 세계적 문필
가에 화려한 경력, 막대한 재산과 가족의 행복 등 모두 누릴 것은 다
누리고 있구나.'라고 하시면서 하늘에서 내려다보고만 계셨습니까?
그리하여 제가 생을 다 마치는 순간 저를 질책하려고 하셨습니까?

통렬한 반성과 참회의 시간을 보낸 그는 모든 재산을 내놓
고 가난한 사람들과 함께 한다. 소위 '잘나가는 삶'에서 자신의
양심 깊은 곳으로 들어가 소외된 사람들과 함께 호흡하는 삶을
살아 나간다. 그 이후, 그의 문학 세계 역시 민중들과 함께하는
'실천문학'이라는 새로운 지평을 열게 된다.

톨스토이의 가르침은 물질보다는 정신, 재물보다는 사랑을
함께 나누는 삶으로 요약된다. 몸과 마음을 단련하되, 한평생 치
열하게 공부하는 삶, 그리고 일관되게 노력하고 실천하는 삶을
살라는 것이다.

눈을 감을 때 마음은 광활하게 열려 있어야 하며, 몸은 새털처럼 가
벼워야 한다. 혼신의 힘을 다해 자신을 정립하고 남을 널리 이롭게
하는 삶을 살아라! 공부는 정성을 다해야 한다. 진실한 공부는 몸과
마음이 감응한다. 책을 통해 공부하고, 일과 노동을 통해 삶을 체험

그대는 삶의 기쁨을 찾았는가?

그것을 다른 사람과 나누었는가?

그리고 무엇보다도 이것 하나만 기억하자.

나는 과연 어떤 사람으로 기억되고 싶은가?

추천의 글

요즘 학생들이 많이 힘들어하고 있습니다. 코로나 때문이기도 하지만, 무엇보다 본질적으로 학생들은 내가 무엇을 잘 하는지, 잘 할 수 있는지, 그리고 어떻게 해야 하는지에 대해 정보도 부족한 실정입니다.

성균관대학교는 2020년 여름 학생 성공을 목표로 다양한 학습과 체험활동 기회를 제공하고 학생들의 도전정신을 함양하기 위해 국내 대학 최초로 도전학기를 도입했습니다.

여름 방학 도전학기제를 이용해서 꿈과 진로를 구체화할 필요가 있습니다. 기업의 문제를 학생 스스로 파악하고 대안을 제시하는 '문제 해결형 인턴십'(기업형)과 함께 지방 자치 단체와 협력하여 직접 지역에 머무르며 지역 사회의 대안을 제시하는 '지역 사회 프로젝트 인턴십'(지방자치단체형)을 활용할 필요가 있습니다.

국제 교류의 길도 열려 있습니다. 경제, 경영, AI, 데이터 등 다양한 분야의 교과목을 활용하고, 더 나아가 세계 최대 MOOC 플랫폼을 활용하여 해외 명문 대학의 강의를 무료로 수강할 수 있으며, 이를 통해 글로벌 마인드를 함양할 수 있습니다.

대학생은 꿈을 꾸는 시기입니다. 그리고 미래를 향해 시간과 노력을 투자하는 시기입니다.

나의 꿈과 소망은 무엇인가? 지도 교수나 멘토를 만나 대화하고 기업이나 지방 자치 단체 인턴십을 통해 세상을 직접 경험하고 구체적인 꿈을 키워나가야 합니다. 세상은 변하고 있고, 그 변화 속에 내가 가야할 길이 있는 것입니다.

이 책의 저자, 권기헌 교수는 성균관대학교 대학원장으로 재직하면서 동시에 학생들의 성공과 미래 가치 실현에 많은 관심을 가지고 있습니다. 특히 자신의 체험(대학 재학 중 행정 고시 합격과 하버드 대학원 입학 경험 등)을 토대로 이 책을 썼기에 독자 여러분들은 저자의 생생한 스토리를 공감하고 배울 수 있을 것입니다. 따라서 이 책은 도전학기의 비교과 과정의 교재로도 손색이 없으며, 많은 학생들에게 꿈과 동기 부여를 할 것으로 생각합니다.

세상은 무섭게 변하고 있습니다. 그러한 변화는 우리 모두에게 각자 책임 있는 삶을 요구하고 있습니다.

20대에 해야 할 일은 무엇일까요? 그것은 바로 자신의 소명을 찾고 몰입할 수 있는 분야를 찾아 매진하는 것입니다. 그것은 창조적으로 도전하고 문제 해결 능력을 키우는 것입니다. 또한 가슴 떨리는 목표를 찾는 것입니다. 그 가슴 떨리는 목표를 찾고, 그 목표를 깊이 마음에 각인할 수 있을 때 우리의 삶은 실현됩니다.

그런 점에서 이 책은 대학생들이 미래의 꿈을 찾고 도전 의식을 갖게 하는 데 큰 힘이 될 것으로 믿습니다.

많은 대학생과 청년 여러분들에게 일독을 널리 권하는 바입니다.

성균관대학교 총장

신동렬

참고문헌

| 국내문헌 |

단행본

권기헌. (2021).『정책학의 성찰』. 박영사.

권기헌. (2019).『정책학의 지혜』. 박영사.

권기헌. (2018).『정책학 콘서트』. 박영사.

권기헌. (2018).『정책학의 향연』. 박영사.

권기헌. (2017).『정부혁명 4.0 따뜻한 공동체, 스마트한 국가』. 행복한에너지.

권기헌. (2014).『정책학 강의』. 박영사.

권기헌. (2013).『행정학 콘서트』. 박영사.

권기헌. (2012).『정의로운 국가란 무엇인가』. 박영사.

권기헌. (2011).『행정학 강의』. 박영사.

권기헌. (2010).『정책분석론』. 박영사.

권기헌. (2009).『미래예측학』. 법문사.

권기헌. (2008).『정보체계론』. 박영사.

권기헌. (2007).『정책학의 논리』. 박영사.

니체. (2007).『인생론 에세이: 어떻게 살 것인가』. 이동진 옮김. 해누리.

디팩 초프라. (2014).『마음의 기적』. 도솔 역. 황금부엉이.

라이언 홀리데이. (2020).『스틸니스』. 김보람 옮김. 흐름출판.

랄프 왈도 에머슨. (2016).『세상의 중심에 너 홀로 서라』. 강형심 옮김. 씽크뱅크.

로마노 과르디니. (2016).『삶과 나이: 완성된 삶을 위하여』. 김태환 옮김. 문학과
　　지성사.

로맹 롤랑. (2006).『라마크리슈나』. 박임·박종택 옮김. 정신세계사.

로버트 란자, 밥 버먼. (2018).『바이오센트리즘: 왜 과학은 생명과 의식을 설명하지
　　못하는가?』. 박세연 옮김. 예문아카이브.

뤽 페리. (2015).『철학으로 묻고 삶으로 답하라』. 성귀수 옮김. 책읽는 수요일.

르네 듀보. (1975).『내재하는 신』. 김용준 옮김. 탐구당.

리처드 도킨스. (2007).『만들어진 신: 신은 과연 인간을 창조했는가?』. 이한음 옮
　　김. 김영사.

마이클 뉴턴. (2011).『영혼들의 여행』. 김도희·김지원 옮김. 나무생각.

마이클 뉴턴. (2011).『영혼들의 운명』. 김지원 옮김. 나무생각.

마이클 뉴턴. (2019).『영혼들의 기억』. 박윤정 옮김. 나무생각.

마틴 셀리그만. (2014).『긍정심리학』. 김인자 옮김. 물푸레.

멜 로빈스. (2020).『5초의 법칙: 당신을 시작하게 만드는 빠른 결정의 힘』. 정미화
　　옮김. 한빛비즈.

바스 카스트. (2016).『지금 그 느낌이 답이다』. 장혜경 옮김. 갈매나무.

박찬국. (2017).『초인수업: 나를 넘어 나를 만나다』. 21세기북스

백완기. (2005).『한국 행정학 50년』. 나남.

사이토 다카시. (2015).『혼자 있는 시간의 힘』. 장은주 옮김. 위즈덤하우스.

사토 덴. (2020).『좋은 습관: 50부터 운을 내 편으로 만드는 좋은 습관』. 강성욱 옮
　　김. 문예춘추사.

서웅스님. (2012)『임제록 연의』. 아침단청.

석영중. (2016).『자유: 도스토예프스키에게 배운다』. 예담.

소걀 린포체. (1999).『티베트의 지혜』. 오진탁 옮김. 민음사.

수 프리도. (2020).『니체의 삶: 역사상 가장 위대한 철학자 니체의 진정한 삶』. 박
　　선영 옮김. Being.

신영철. (2019).『신영철 박사의 그냥 살자: 지친 현대인을 위한 정신과의사의 조
언』. 김영사.

아놀드 토인비. (2017).『역사의 연구』. 김진원 엮음. 바른북스.

박찬국. (2017).『초인수업: 나를 넘어 나를 만나다』. 21세기북스.

에픽테토스. (2014).『자유와 행복에 이르는 삶의 기술』. 강분석 옮김. 사람과 책.

윌리엄 어빈. (2012).『직언: 죽은 철학자들의 살아 있는 쓴소리』. 박여진 옮김. 토
네이도.

윤홍식. (2015).『논어: 양심을 밝히는 길』. 정당인 옮김. 살림.

이소윤·이진주. (2015).『9번째 지능: 같은 재능, 전혀 다른 삶의 차이』. 청림출판.

전제남. (2018).『참 나: True Self』. 제세.

정창영. (2000).『도덕경』. 시공사.

정창영. (2000).『바가바드 기타』. 시공사.

조앤 치티스터. (2013).『무엇을 위해 아침에 일어나는가: 인생 오랜 질문들에 세
상의 모든 지혜가 답하다』. 한정은 옮김. 판미동.

청화. (2008).『마음의 고향: 진여실상법문』. 상상예찬.

채사장. (2019).『지적 대화를 위한 넓고 얕은 지식: 제로 편』. 웨일북.

최준식. (2015).『무의식에서 나를 찾다』. 시공사.

칙센트 미하이. (2003).『몰입의 기술』. 이삼출 옮김 서울: 더불어.

칙센트 미하이. (2004).『Flow』. 최인수 옮김. 서울: 한울림.

칙센트 미하이. (2006).『몰입의 경영』. 심현식 옮김. 서울: 황금가지.

칙센트 미하이. (2009).『자기진화를 위한 몰입의 재발견』. 김우열 옮김. 서울: 한
국경제신문

캔디스 퍼트. (2009).『감정의 분자』. 김미선 옮김. 시스테마.

켄 윌버. (2016).『켄 윌버의 통합심리학』 조옥경 옮김. 학지사.

톨스토이. 1997.『젊은 날의 고백』. 유동환 옮김. 푸른나무.

톰 스톤. (2010).『평정심』 정채현 옮김. 아시아코치센터.

하워드 가드너. (2007).『다중지능』. 문용린·유경재 옮김. 웅진지식하우스.

한나 아렌트. (2006).『전체주의의 기원』. 이진우· 박미애 옮김. 한길사.

헨리 데이빗 소로우. (2017).『월든』. 박연옥 옮김. 위즈덤 하우스.

논문

문상호 · 권기헌. (2009). "한국 정책학의 이상과 도전. 「한국정책학회보」. 18(1): 1-27.

박민철. (2007). "The Life and Work of Sigmund Freud; 프로이트의 삶과 업적", 「한국정신분석학회지」18권 1호:3-11.

박병준. (2014). "한나 아렌트의 인간관에 대한 철학적 인간학적 탐구". 「철학논집」, 38(단일호): 9-38.

송석재. (1996). "프로이트의 도덕발달 이론에 관한 고찰", 한국교원대학교 대학원 석사학위 논문.

오홍명. (2015). "열등감에 관하여", 「철학과 현상학 연구」, 제 67집, 67-105.

이재정. (2014). "정치인과 거짓말: 그들은 왜 거짓말을 하는가?", 「한국정치연구」,23(3): 1-27.

임의영, 고혁근, & 박진효. (2014). "한나 아렌트(Hannah Arendt)의 공공영역과 행정". 「정부학연구」, 20(3): 71-100.

임의영. (2014). "공공성의 인간적 토대와 행정", 「사회과학연구」, 제 54집 제 2호, 217-248.

홍성기. (2007). "우리는 얼마나 전체주의에 가까운가?", 시대정신, 34호(봄).

보고서 및 기타

권기헌 외. (2015). 「정부 3.0을 통한 공공가치 실현방안 연구」. 행정자치부 정책연구보고서.

정민. (2017). "2017년 다보스 포럼의 주요 내용과 시사점: 소통과 책임의 리더십이 필요". 현대경제연구원 보고서. 17(2): 1-13.

경향신문. (2016). "'공적 가치' 실현 위한 행위 탐구…인간과 정치에 새 가교를 놓다.", 3월 31일.

한겨레. (2017). "4차 산업혁명 어떻게 준비해야 하나?", 3월 2일.

국외문헌

Arendt, Hannah. (1951). *The origins of totalitarianism*. Harcourt Brace And Company New York.

Arendt, Hannah. (1958). *The Human Condition*. *Chicago*: The University of Chicago Press, 1958.

Arendt, Hannah. (1968). *Between Past and Future*. New York: The Viking Press, 1968.

Bradford, A. (2016, May 12). *Sigmund Freud: Life*, Work & Theories.

Freud, S. (1918). *Reflections on war and death*. New York: Moffat, Yard.

Jaworski, Joseph & Flowers, Betty S. (1998). *Synchronicity: The Inner Path of Leadership The Inner Path of Leadership*. Berrett-Koehler Publishers.

Kelly, G., Mulgan, G., & Muers, S. (2002). *Creating Public Value: An analytical framework for public service reform*. London: Strategy Unit, Cabinet Office.

Lasswell. (1951). "The Policy Orientation," H.D. Lasswell and D. Lerner (eds). *Policy Science*, Stanford University Press, 3-15

World Economic Forum(Global Agenda Council). (2012). *Future of Government-Fast and Curious*. World Economic Forum, REF 280812.

저자 소개

권기헌

현재 성균관대학교 대학원장 및 행정학과 교수로 재직하고 있다. 미국 하버드대학교에서 정책학 석사 학위와 정책학 박사 학위를 취득하였다. 제26회 행정 고등고시에 합격하고 행정 고시연수원을 수석으로 졸업하여 국무총리상을 수상했다.

미국 정책분석관리학회APPAM Association for Public Policy Analysis and Management가 선정하는 최우수 박사 학위 논문으로 선정되었으며, 한국행정학회 학술대상(최우수논문상), 대한민국학술원 우수도서(2회), 문화관광부 우수도서(1회)에 선정되었다. 미국 국무성이 수여하는 풀브라이트 장학금 Fulbright Scholarship을 수상한 바 있다.

저자는 국가 정책에 관심을 가지고 연구하는 현실 정책학자이면서 동시에 이러한 국가 정책적 연구가 인간의 자아실현이라는 본질적인 문제에 미치는 영향에 대해서 근본적인 관심과 열정을 가지고 있다.

인생의 출발선에 선 모든 청춘들을 응원하며
스승이 필요한 젊은이들에게

미래와 답

1판 1쇄 인쇄 2022년 7월 20일
1판 1쇄 발행 2022년 7월 29일

지은이   권기헌
펴낸이   신동렬
책임편집   구남희
편집   현상철·신철호
외주디자인 심심거리프레스
마케팅   박정수·김지현

펴낸곳   성균관대학교 출판부
등록   1975년 5월 21일 제1975-9호
주소   03063 서울특별시 종로구 성균관로 25-2
전화   02)760-1253~4
팩스   02)760-7452
홈페이지   http://press.skku.edu/

ISBN 979-11-5550-548-9 03190